weiblich ERFOLGREICH

Wie Frauen ihren Weg gehen

Unsere Co-Autorinnen:
Myriam Cia, Dr. Gabriele Klaus,
Jeanette Neidhardt-Rosenberger,
Mandy Pohl, Serina und Shia‘ Merina,
Dagmar Schulte, Janina Tiedemann,
Inge Walther, Nilufar Zand

ISBN 978-3-9821968-0-0

Petra Polk Verlag
Südstrasse 34
56288 Kastellaun
petrapolk.com
Telefon: +49 6545 9124674
Mobil: +49 171 35 35 552
Covergestaltung, Layout: Monika Stern, sternloscreative.com
Bildrecht Cover: Adobe Stock 284987190, Freepik
Foto Petra Polk - Linda Hammer Fotografie,
Foto Eva Laspas - Pia Odorizzi

Bildrechte Kern:
Seite 49: Janina Tiedemann; Seite 76/77: Monika Stern;
Seite 140: Christine Bieber und Claudia Brunner GbR

Vorwort

von Eva Laspas, Hsgb.

„Jeder Erfolg beginnt mit einer Idee. Und Ideen entstehen im Kopf. Es kommt nun darauf an, was wir aus ihnen machen."

Werden sie gleich zu Beginn vom Mindset verworfen, zensiert, durchgekaut und aus lauter Vorsicht nicht weiter verfolgt? Lassen wir unsere Gedanken galoppieren wie ein junges Fohlen – bis es uns vielleicht über den Abgrund trägt? Oder erkennen wir, dass wir einem – uns eigenen und individuellen – Muster folgen? Dem wir schon seit Anbeginn unseres Lebens nachgehen? Und mit dieser Erkenntnis, dass ich selber die Macherin meines Erfolges bin – der im Kopf passiert – beginnt nun ein Prozess.

Dazu passt das Kapitel „Selbstliebe – Frieden mit dir selber" von Dr. Gabriele Klaus. Sie nimmt dich mit in deine Welt und gibt dir in ihrem Beitrag zahlreiche Übungen an die Hand, die dich dabei unterstützen, neu zu denken, neu zu fühlen und damit deinem Leben eine lebendigere Ausrichtung zu geben als es vielleicht bisher hatte.
Ich brauche einen Plan, eine Strategie – eine Methode, die mein Mindset verändern. Impulse von außen über Bücher, Kurse, Seminare oder Coachings ... denn nur so kann ich meine Gedankenwelt erkennen und umformen. Diese meine Welt besteht aus Kommunikation mit mir und anderen über meine Gedanken, meine Worte aber auch über meine Texte. All das macht meine Persönlichkeit aus. Im Kapitel „4 Ebenen der Kommunikation" entführe ich dich in die Welt der Kommunikation und die beginnt bei dir und deinen Gedanken.

‚Indem ich kommuniziere, zeige ich anderen meine Welt.'

Besonders Frauen sehen sich selber als nicht erfolgreich, obwohl sie es schon lange sind. Sie stellen ihr Licht viel häufiger „ unter den Scheffel" als Männer. Janina Tiedemann hat ein klares Ziel: „Wir brauchen mehr starke Frauen in verantwortungsvollen Positionen – packen wir's an!" Sie nimmt dich in ihrem Kapitel „Selbstzweifel aus, Erfolg an" mit in die

Welt des „Tapferen Schneiderleins“ und zieht den Vergleich: Wie wäre das Märchen gelaufen, wenn es eine SchneiderIN gewesen wäre?

Wenn du als selbstständige Unternehmerin erfolgreich sein möchtest, wird es immer wichtiger, deine Einzigartigkeit herauszustreichen. Wie soll ein potenzieller Kunde auf dich aufmerksam werden, wie erkennen, dass du genau diejenige bist, die sein Problem am besten ändern kann? Indem du dich als Marke aufstellst! Wie du das machst? Darüber schreibt Petra Polk in ihrem Kapitel „Deine Persönlichkeit zählt“ unzählige Tipps und Praxisübungen.

Einer der Erfolgsfaktoren ist Geld. Denn damit machst du deinen Erfolg nicht nur messbar, sondern du schläfst auch wesentlich ruhiger, wenn du weißt, dass dein Konto gefüllt ist. Es gibt so viele einzigartige Angebote auf der Welt von wunderbaren Frauen, sie selber leben aber am Rande des Existenzminimums. Mandy Pohl erzählt in ihrem Kapitel „Magic Money: Erfolg ist Energie“, wie Frauen es schaffen, ihr Mindset in Bezug auf Geld zu verändern und dadurch ihr gesamtes Leben neu ausrichten.

Dagmar Schulte erzählt dir die Parabel „Vom Reisen und der digitalen Welt deines Unternehmens“ und lässt dich Einblicke in die neue, aufregende Welt der digitalen Möglichkeiten nehmen. Das neue Zeitalter ist nicht aufzuhalten, es kommt nur darauf an, dass du dich entscheidest: Wirst du mit dabei sein? Und wenn ja, wie?

Du bist einzigartig!

Stell dir vor, in einer Vitrine liegen 2 Produkte. Eines ist eingepackt in braunes, das andere fein säuberlich in feines Papier gehüllt und mit bunten Bändchen verziert. „Nach welchem würdest du ganz spontan greifen?“, fragt dich Inge Walther und zeigt dir, wie du dein Äußeres durch Farben und einfache Stilmittel erfolgreich gestaltest, damit dein Inneres mitschwingen kann. Die erfolgreiche Geschäftsfrau gibt dir außerdem in ihrem Kapitel „Und einfach ist, was Routine wurde“ auf vergnügliche Weise viele ihrer geheimen Erfolgstipps weiter. Aber nicht nur meine innere Welt beeinflusst mich und meinen Erfolg. Da sind auch die äußeren Faktoren. Wie richte ich mein Heim, mein Büro ein?

Welches Licht benutze ich? Denn nicht nur ich, sondern auch meine Kunden und Mitarbeiter dürfen sich wohlfühlen, damit wir alle Erfolg haben. Jeanette Neidhardt-Rosenberger geht in ihrem Kapitel „Wie Räume auf deinen Erfolg wirken" genau auf diese Wirkung ein, die zwar im Außen beginnt, aber schließlich auf dein Inneres wirkt. So fühlst du dich erfolgreich!

Erfolg ist ein Gefühl, Energie, die dich beflügeln kann. Und damit deine Erfolgsenergie lebendig schwingt und dich beflügelt, deine Träume umzusetzen, gibt es unzählige Wege, sie zu steigern. Ein Weg ist, Musik zu hören. Diese Methode ist schon so alt wie die Menschheit, und im Kapitel „Mit Musik und Schwingung zum Erfolg" zeigt dir Myriam Cia, welche großartige Quelle von Lebensenergie Musik für dich werden kann. Jede Frau trägt einen göttlichen Funken in sich. Serina und Shia' Merina nehmen dich mit in die Welt der weiblichen Energie und der Göttin. In ihrem Kapitel „Die Weisheit der Göttin" skizzieren sie dir, welch wundervolles Leben wir hier auf der Erde haben können, wenn sich die Vision der Göttin erfüllt und alle Frauen in ihre weibliche Kraft kommen.

Wenn es dir gelingt, den Kontakt zu deiner Seele aufzunehmen und sie immer mehr in deinen Körper und dein Leben einzuladen, werden Leben und Business zu einem Fest! Nilufar Zand führt dich in ihrem Kapitel „Powernahrung für dich und deinen Erfolg" zur Seele, die genau weiß, wofür du hier auf dem Planeten bist und dich gut leiten kann.

Wie du das Buch liest?

Wie immer bleibt es dir überlassen, wie du ein Buch liest. Manche Menschen beginnen vorne und beenden es am Schluss. Andere schlagen es auf einer Seite auf und beginnen irgendwo zu lesen. Sie lassen sich dann in ein Thema hineinziehen – oder blättern weiter. Du kannst aber auch nach „dem" Satz suchen, der dich heute inspiriert, oder aber die Kapitel auswählen, die dich am meisten ansprechen.

Wir haben das Buffet so großartig gestaltet, dass du sicher etwas finden wirst, das dich inspiriert. Außerdem ist das Buch nach außen offen – mit den Links und Codes gelangst du zu Erweiterungen der einzelnen Kapitel und kannst dir so zielgerichtet weitere Infos holen. Und: Es ist ein wahrlich magisches Buch. Stelle es nach dem Genuss einfach ins Buchregal – wenn du es nach einigen Monaten wieder zur Hand nimmst, werden sich neue Inhalte zeigen.

Viel Erfolg mit diesem Buch, das W.I.N Women in Network® initiiert hat.

Viel Erfolg und Vergnügen mit

„*Weiblich erfolgreich.*

Wie Frauen ihren Weg gehen"

wünscht dir deine

Eva Laspas

Herausgeberin

Die Autorinnen

Myriam Cia: Meine Vision ist es, ein Haus voller Musik und Gesang zu führen. Ein Bauernhaus im Emmental mit viel Platz und Freiheit. Verbunden mit der Kraft der Natur und der Ruhe. Wenn wir uns die Musik, unsere Stimme und unseren Klang wieder ins Leben holen, werden wir die Welt zu einem gesanglichen Tempel machen. Und wir werden andere mitnehmen: Denn – jeder Mensch kann singen oder musizieren. ***www.myriamcia.com***

Dr. Gabriele Klaus: Erfüllte, stärkende Beziehungen sind die Kraft spendende Basis für ein freudvolles, glückliches Leben. Meine Impulse inspirieren und machen bewusst. Beziehungen gelingen! Es ist immer noch so viel möglich! ***www.dr-gabriele-klaus.de***

Jeanette Neidhardt-Rosenberger: Umgib dich nur mit Dingen, die dir auf deinem beruflichen Erfolgsweg guttun, die dich motivieren und stärken. Ich sehe meine Aufgabe als Planerin darin, mit meinen Kunden ihre Anforderungen und Bedürfnisse herauszuarbeiten und unverwechselbaren Arbeitsräume zu gestalten. So wird deine Persönlichkeit gestärkt und die Gestaltung ergibt ein stimmiges Ganzes. ***www.raumgeschichten.eu***

Mandy Pohl: Mein Traum ist Menschen zu unterstützen, erfolgreich zu sein. Erfüllung und Wohlstand in das Leben vieler Menschen zu bringen. Egal, was du geplant hast, welcher Art deine Idee oder ein Wunsch ist, für den du Erfolg möchtest – ab einem bestimmten Zeitpunkt kommst du an den Faktor Geld. Und das ist auch der Zeitpunkt, wo du entscheidest, ob du mit deiner Unternehmung wachsen wirst oder ob du stagnierst. ***www.pluspohl.com***

Serina und Shia' Merina: Wir sind viele Umwege gegangen, sind immer wieder in ein Loch gefallen, bis wir endlich die richtige Unterstützung gefunden hatten. Unser großer Wunsch heute ist es, den Frauen diese Umwege zu ersparen und ihnen die Hilfe zukommen zu lassen, die wir gebraucht hätten. Wir sind als Pionierinnen den Weg vorausgegangen und haben viele Erfahrungen gesammelt. ***www. lebe-deine-weiblichkeit.com/webinar-anmeldung***

Dagmar Schulte: Krisen berühren uns tief, sie lassen Impulse und Bedürfnisse hervorbrechen und können der Startschuss für Neues sein. Sie sind Türöffner für Entwicklungen, die wir uns vorher nie zugetraut hätten, lassen uns über uns hinauswachsen und verändern uns nachhaltig. In meinem Leben habe ich viele Veränderungen erlebt, es ist die Entwicklung, die wir Leben nennen. ***www.strategieschmiede.digital***

Janina Tiedemann: Wenn wir erfolgreich sein möchten, sollten wir unsere eigenen Leistungen anerkennen und unsere Erfolge auch als solche wahrnehmen. Zudem dürfen wir unsere eigene Messlatte etwas runter und unser Selbstvertrauen hochschrauben. Wenn wir wollen, dass andere uns etwas zutrauen, sollten wir selbst damit anfangen. ***www.janinatiedemann.de***

Inge Walther: Erfolg hat viele Gesichter. Für den einen bedeutet es viel Geld zu haben, für den anderen ein harmonisches Familienleben zu leben, für andere, alle Berggipfel der Welt zu erklimmen. Ja und es gibt nicht nur Hochs, sondern auch viele Tiefs, die es durchzumachen gilt. Die Moral von der Geschichte: Was außen draufsteht, muss auch drinnen sein. ***www.dieimagemacherin.at***

Nilufar Zand: Deine Seele weiß, wofür du hier auf dem Planeten bist, deine Seele weiß ganz genau, was jetzt gerade das Beste für dich ist. Du bist hier, um zu lernen, zu wachsen, zu schaffen und zu kreieren. Und das alles in sinnlicher Freude und Leichtigkeit. Der tiefe, innige Kontakt zu deiner Seele wird dich öffnen. Dein Herz, deinen Schoß, deinen ganzen Körper. ***www.nilufar-zand.de***

Die Herausgeberinnen

Eva Laspas: Ich bemerkte die Wirkung des Wortes „müssen“, als ich meine Kinder mit dem Satz in den Kindergarten brachte: „Die Mama muss arbeiten gehen.“ Es gab jeden Tag Geschrei. Dann las ich über den Druck, den das Wort erzeugt. Ich probiere es am nächsten Tag aus: „Die Mama will arbeiten gehen.“ Und tatsächlich, die Kinder verabschiedeten sich und gingen spielen. Kein Theater mehr. Es war verblüffend. *www.laspas.at*

Petra Polk: Alles, was du benötigst, ist schon in dir. Du bist so gut, wie du bist. Bring jetzt deine PS auf die Straße. Eine Marke benötigt einen starken Kern und die Verpackung macht sie einzigartig und im außen sichtbar. Wenn du wissen möchtest, wie du zu einer unverwechselbaren Marke wirst und wie dann die richtigen Menschen von dir erfahren, dann lese jetzt dieses Kapitel und beginne sofort mit der Umsetzung. *www.petrapolk.com*

Inhaltsverzeichnis

Selbstliebe – Frieden mit dir selber

Autorin Dr. Gabriele Klaus
www.dr-gabriele-klaus.de

Immer wenn wir vor einer neuen Herausforderung stehen, kommen wir mit unseren unterschiedlichen inneren Anteilen in Berührung. Die Aufforderungen des Lebens möchten uns reizen, aus dem gewohnten Lebenstrott auszusteigen und in die Fülle einzutauchen. Dann machst du vielleicht einen Schritt nach vorne, einen zurück. Du kannst dich nicht entscheiden, was du als Nächstes tun sollst. Das Leben stagniert und dein Schmerz wird größer. So geht es auch Lisa, an deren Beispiel ich dir 11 Übungen und Fragen an die Hand gebe – damit du die Folgeschritte zu dir selbst gehen kannst: Bewusstwerdung, Heilung und Freude sind dein Lebensrecht.

Wer schreibt hier?

Ich arbeite online und offline als integraler Beziehungscoach in eigener Praxis in Zell Mosel. Als Expertin für zwischenmenschliche Beziehungen im Privatleben bin ich Ansprechpartnerin für Frauen 35plus mit Problemen in Ehe oder Partnerschaft, in der Familie (Kinder, Schwiegereltern, Schwiegerkinder) aber auch im Freundes- und Bekanntenkreis. Mein Motto: Erfüllte Beziehungen, erfülltes Leben.

LISA

In der Mitte ihres Lebens. Familie und Beruf. Eigentlich alles gut. Und doch stand sie innerlich an einem Abgrund. Die langjährige Ehe kurz vor dem Aus. Streit, Unverständnis und Schmerz. Lisa kam zum Selbstliebecoaching in meine Praxis. Zwanzig Jahre war sie schon verheiratet. Sie hatten eine schöne Stadtwohnung gekauft und zwei gesunde Töchter großgezogen. Viel geschafft und einiges erreicht. Doch in der Tiefe fehlte immer etwas, war da ein Mangel. Die letzten Jahre hatte Lisa Teilzeit gearbeitet. Nun bestand die Möglichkeit zur Weiterbildung und mehr Verantwortung. Das reizte sie. Da stand eine Entscheidung an.

Aber sie hatte den Kopf dafür nicht frei. Ihre Beziehung zu ihrem Mann Paul war inzwischen vor allem Alltag und Routine, wirkliche Nähe fehlte, immer öfter gab es Streit und Vorwürfe. Ihre Sexualität war eingeschlafen. Als mir Lisa das erzählte, begann sie zu weinen. „Mein Mann und ich wollen eigentlich zusammenbleiben", sagte sie, „aber wir sehen diesen Weg grade überhaupt nicht mehr".

So wie Lisa geht es vielen Frauen. Sie stehen mitten im Leben. Haben so manches Ziel erreicht. Und immer das Beste gegeben. Doch manchmal, oft in stillen Momenten, ist da so ein unbestimmtes Gefühl. In der Tiefe ist eine Sehnsucht, die ungestillt ist. Und nach und nach reift die Erkenntnis, dass es im außen letztlich nichts gibt, was in der Lage ist diese Leere zu füllen. Weder materielle Güter, Reisen, noch irgendein Partner können Abhilfe schaffen.

Wir modernen Menschen unterliegen oft unbewusst dem Irrtum, dass Glück und Erfüllung von etwas oder jemanden außerhalb von uns geleistet werden kann und soll. Wir haben eine Idee, eine Vorstellung davon, wie wir und das Leben zu sein haben. Wenn es schwierig und herausfordernd wird, suchen wir die Schuld gerne im außen. Lebensumstände und Menschen sind die Ursache für unser Verhalten. Wie werden zum Opfer. Wir wechseln z. B. die Lebenspartner, weil wir „Pech mit Männern" haben, nur um eines Tages festzustellen, dass sich das eigentliche Problem nicht auflöst. Wir sehnen uns nach Glück, Frieden, Verbundenheit, Angenommensein und Wertschätzung. Und suchen oft jahrelang vergeblich in Menschen, Tieren, Büchern, Reisen, Sport oder Kursen. Tief in uns wissen wir, dass Glück und Frieden nur von innen kommen können.

Selbstliebe ist das Stichwort. Aber diese kann man nicht einfach „mal machen". Sich selbst zu lieben, bedeutet nicht, permanent von dir begeistert zu sein, dir ständig mit einem Lächeln auf den Lippen zuzuflüstern, dass alles gut ist. Letztlich heißt es, die eigene Menschlichkeit mit allem, was da ist, voll und ganz anzuerkennen. In meinem Verständnis von Selbstliebe darfst du durchaus traurig, wütend oder ratlos sein und dich im gleichen Augenblick genauso völlig annehmen. Heraus aus dem Bewerten hin zur Annahme dessen, was im gegenwärtigen Moment da ist.

Warum schreibe ich als Beziehungscoach über das Thema Selbstliebe?

Weil wir zu allem, was uns umgibt, in Beziehung stehen. Vor allem zu uns selbst. Die Beziehung, die wir zu uns selbst haben, entscheidet darüber, was wir mit anderen erleben. Ein Mensch, der sich nicht vollständig annehmen kann, der sich selber nicht mag, erschafft unerfüllte Verbindungen. Einer, der sich ablehnt, ist wie ein Eimer mit Loch. Nichts und niemand kann dieses stopfen. Alles, was du mit anderen erlebst, ist ein Spiegel deiner Beziehung zu dir selbst. Ohne Liebe zu dir selbst wirst du auch in keinem anderen Bereich deines Lebens erfolgreich sein. Wenn du dich selber verurteilst, ist dein Leben angespannt und anstrengend.

Oft zwingt uns erst eine Lebenskrise, wie z. B. eine Erkrankung oder eine Partnerschaftskrise dazu, wirklich hinzuschauen und dann eine absichtsvolle Wahl zu treffen. Die, uns in unserer ganzen unvollkommenen Menschlichkeit anzunehmen. Die Entscheidung, dich selber so wertzuschätzen, wie du bist, macht dich tatsächlich frei. Du darfst deine Version des Lebens leben, musst dich nicht mehr verbiegen. Im Folgenden möchte ich dir wichtige Impulse anbieten, wie Selbstliebe gelingen kann.

Im Coaching erzählte ich Lisa von meinem Verständnis von Selbstliebe. Sie konnte sich sichtlich entspannen, als ich davon sprach alles willkommen zu heißen, was in ihr lebendig ist.
In vier aufeinanderfolgenden Sessions erforschten wir sukzessive die 11 wesentlichen Aspekte rund um das Thema Selbstannahme/Selbstliebe. Im Folgenden nehme ich dich gerne ein Stück mit auf unsere Selbstliebe Reise.

1. Selbstverantwortung: Ich hol mir meine Kraft zurück

Folgende Übung kannst du für dich selber durchführen:

- Welche Menschen in deinem Leben haben großen Einfluss auf dich und dein Befinden?
- Von wessen Zustimmung, Anerkennung und Wohlwollen fühlst du dich emotional abhängig?

- In welchen Situationen hast du deine Werte verraten, um zu gefallen?
- Bist du bereit, anzuerkennen, dass nicht dieser Mensch das Problem ist, sondern dein Mangel im Inneren? Kannst du verstehen, dass du es bist, die diese Macht über dein Leben auf diesen Menschen projiziert hat?

Zum Abschluss:
Nehme 3 tiefe Atemzüge. Verankere dich wieder in dir selbst, hole alle Projektionen zurück und komme wieder in deine Kraft.

Absichtserklärung
Ich bleibe mir ab heute selber treu und gestatte mir, mein ganzes Sein zu umarmen.
Mein Wohlbefinden und meine Handlungen sind von nichts und niemanden im außen abhängig. Ich bin die Schöpferin! Ich bejahe mich und nehme mir meine Kraft zurück.

.... Datum

.... Dein Name

Willkommen zurück bei dir!

Ich konnte förmlich spüren, wie diese Erklärung Lisa innerlich ein Stück aufrichtete. Sie erkannte, dass sie den Schlüssel für Erfüllung und Erfolg in ihren eigenen Händen hält. Eine sehr kraftvolle und wichtige Erkenntnis.

2. Die Macht deines Geistes: Du bist (nicht), was du denkst

Dein Geist ist machtvoll, unentwegt produziert er Gedanken. Jeden einzelnen Tag denken wir durchschnittlich 65.000 davon, meist unterliegen sie der Gewohnheit. Als wir klein waren, war unser Denken frei und unbeschränkt, innere

Urteile gab es nicht. Im Laufe unseres Lebens legten und legen wir uns auf ein äußerst enges Bild unseres Selbst fest. Wir fixieren uns Überzeugungen über uns und das Leben. Oft engen uns diese Glaubenssätze stark ein, damit schrumpft unser Universum. Diese Überzeugungen sind weder die Wahrheit über die Welt noch über uns selbst.

So wie wir uns durch Gedanken beschränken können, so können wir sie auch nutzen, um unsere ganze Schönheit und unser Potenzial zu leben. Denn: Jeder einzelne Gedanke trägt das Potenzial einer eigenen Handlung in sich. Wenn du deine Gedanken aufmerksam beobachtest, erkennst du immer öfter, welche Inhalte und Qualität sie haben. Und entsprechend kannst du immer öfter bewusst stärkende, kraftvolle und lebensbejahende Gedanken wählen.
Ein guter Weg, seine Gedanken bewusster wahrzunehmen ist eine tägliche Meditationspraxis, z. B. Achtsamkeitsmeditation mit Fokus auf den Atem.

Ich führte Lisa durch eine 10-minütige Achtsamkeitsmeditation mit der Einladung, diese ab jetzt in ihren Alltag zu integrieren. Meditation schult unser Bewusstsein. Wir werden zum aufmerksamen Beobachter und Kenner unserer Gedanken und Impulse. So haben wir gute Ansatzpunkte für Veränderung.

3. Liebe, was ist. Erkenne an, was du wirklich bist.

Immer dann, wenn du versuchst, anders zu sein, als du wirklich bist, beginnst du mit dir selber zu kämpfen. Dieser Kampf erzeugt Leid. Wenn du denkst, du solltest klüger, schlanker, liebevoller sein, lehnst du dich gegen dich selber auf. Dabei sind negative menschliche Eigenschaften nicht das eigentliche Problem. Erst wenn wir sie nicht an uns haben wollen, ist das Feuer eröffnet.
Das Zauberwort lautet deshalb Annahme. Ich möchte dich gerne zu einer Übung hierzu einladen:

Übung:

- Nimm einen Zettel und schreib alles auf, was du blöd an dir findest, was dich daran hindert, dich so richtig zu lieben.

- Hindern dich diese Überzeugungen über dich wirklich daran, dich zu mögen?
- Wie ist dieses Urteil über dich entstanden?
- Was wenn du jetzt erkennen kannst, dass dein eigener Geist die Macht darüber hat, wie deine Beziehungen werden, dein ganzes Leben verläuft?
- Probiere einen Tag lang aus, dich zu mögen, mit allem, was ist. Gib dir ein fettes „es ist ok".
- In all deiner vermeintlichen Unvollkommenheit bist du bereits vollkommen.

Was sein darf entspannt sich und verändert sich aus sich selbst heraus. Diese Haltung wirkt sich zutiefst heilsam auf alle deine Beziehungen aus.

Indem Lisa sich selber annehmen und aus allen Erwartungen entlassen konnte, war sie auch in der Lage ihren Mann wieder anzuerkennen. So viel Last fiel von ihren Schultern, das angestrengte Bemühen den anderen ändern zu müssen, konnte weichen und einen Raum für freie Entfaltung jenseits von Be- und Verurteilen wieder öffnen.

4. Lass alle Gefühle zu

Bevor es weitergeht, möchte ich dich bitten, ganz kurz innehalten und dich zu fragen:

Übung:

- Schließe die Augen.
- Was fühlst du jetzt gerade?
- Kannst du die Gefühle klar benennen?
- Wo im Körper spürst du sie?
- Nimm einfach wertungsfrei wahr.

Gefühle sind die Detektoren deines Befindens. Sie schützen dich z. B. vor falschen Entscheidungen und Überforderung, gleichzeitig sind sie Antrieb für deine Handlungen. Sie zeigen dir die Richtung auf, in die sich dein Leben entwickeln darf. An deinen Gefühlen erkennst du, ob du deinen Werten gemäß integer lebst. In der heutigen Zeit werden wir darauf konditioniert, nur positive Gefühle zuzulassen und alles Unangenehme und Schmerzhafte möglichst schnell wegzuschieben. Das erzeugt allerdings vermeidbares Leid.

Für dein Selbstwertgefühl ist es nämlich wichtig, wenn du in einem nüchternen, entspannten Kontakt zu all deinen Gefühlen bist. Dabei geht es nicht darum, etwas auszublenden oder weghaben zu wollen. Jedes Gefühl hat seine Berechtigung, es kommt, bleibt eine gewisse Zeit und vergeht wieder. Wenn du allerdings von bestimmten Gefühlszuständen abhängig wirst oder Gefühle unterdrückst, dann verlierst du dich. Du wirst unfrei.

Du bist deinen Gefühlen nicht machtlos ausgeliefert. Auch unangenehme Gefühle können zu wertvollen Erfahrungen werden. Du wirst frei, wenn du lernst, scheinbar unaushaltbare Gefühle da sein zu lassen und sie nüchtern zu fühlen. Du stärkst deine Selbstachtung und wirst unabhängig.

Übung für den Abend:

- Welche emotional intensiven Momente habe ich heute erlebt?
- Welche Gefühle habe ich genossen, welche haben mir Schwierigkeiten gemacht?
- Habe ich gegen bestimmte Gefühle gekämpft? Vielleicht gegen Angst? Ohnmacht? Schmerz?
- Habe ich mich abgelenkt? Was hätte mir das Gefühl vielleicht Wichtiges sagen können?
- Versuche immer öfter, die Gefühle voll sein zu lassen, und bleibe mit ihnen präsent.
- Was verändert sich?

Jedes Mal, wenn du einen Teil deiner Realität (das kann ein bestimmter Gedanke oder ein Gefühl sein) ganz bewusst wahrnimmst, wirst du gegenwärtiger in deinem Leben. Du siehst unweigerlich klarer. Es eröffnen sich dir neue Möglichkeiten.

Die Erkenntnis, dass du deinen Gefühlen nicht ausgeliefert bist, ist entscheidend.

Lisa berichtete mit Fortgang der Sessions, wie sie sich nach und nach wieder für ihre Gefühle öffnen konnte. „Ich habe jetzt keine Angst mehr vor den unangenehmen Gefühlen, weil ich weiß, dass ich sie fühlen und vor allem aushalten kann und dass sie auch wieder verschwinden. Das entlastet mich, gibt mir ein Stück Freiheit zurück. Die Botschaften hinter meinen Gefühlen wieder zu entschlüsseln finde ich sehr erkenntnisreich."

5. Deine Bedürfnisse erfüllen

Bedürfnisse wirken permanent auf unser Leben ein. Sie sind die Antriebskräfte unseres Lebens, steuern unser Denken und Handeln. Atmen, essen trinken, schlafen sind existentielle Grundbedürfnisse. Darüber hinaus gibt es jedoch noch weitere Bedürfnisse, nach H. G. Häusel sind das Stimulans, Dominanz und Sicherheit. Werden diese Bedürfnisse erfüllt, fühlen wir uns wohl. Die Art und Weise, wie wir diese Bedürfnisse erfüllen, ist von Mensch zu Mensch verschieden. Jede von uns braucht andere Bedingungen, um sich voll und ganz zu entfalten.

Übung:

- Kennst du deine wichtigsten individuellen Bedürfnisse?
- Wie genau erfüllst du sie dir?
- Schaffe ganz bewusst Lebensbedingungen, die dich in der Tiefe erfüllen.
- Kommuniziere deinen Mitmenschen, deinem Partner, was du genau brauchst, um voll zu erblühen.

Im Anschluss an unsere Session suchte Lisa das Gespräch mit ihrem Mann. Statt darüber zu jammern, was er alles nicht richtig machte, sprach sie über ihre Bedürfnisse und Wünsche. Sie vereinbarten, sich mindestens einmal pro Woche genug Zeit dafür zu nehmen, wichtige Dinge in einer offenen Haltung miteinander zu teilen.

Wenn du mit deinem Herzen genau hin spürst, merkst du immer, was dir guttut und was dich schwächt. Lass immer mehr von dem weg, was dich belastet und stresst, und tu immer mehr Dinge, die dir Freude machen und deine Seele jubilieren lassen. Die Freude ist dein untrüglicher Kompass!

6. Stärke deinen Selbstwert: Werte aufstellen und leben

In unserer Welt der Millionen Möglichkeiten geben dir Werte Orientierung für dein Leben. Selbstachtung entsteht, wenn unsere Worte und unsere Taten übereinstimmen. Definiere in der folgenden Übung deine sechs wichtigsten Werte für jeden Lebensbereich (z. B. deine Beziehungen) und was sie genau für dich bedeuten. Kommuniziere deine Werte an deine Mitmenschen und vor allem: Lebe sie!

Übung:

Meine 6 wichtigsten Werte (z. B. in meiner Liebesbeziehung):

- Was bedeuten diese Werte ganz genau für mich?
- Wie erlebe ich die Umsetzung dieser Werte, wo ist noch Entwicklungspotential?
- Treten Wertekonflikte auf, d. h. scheinbar lassen sich zwei Werte nicht miteinander vereinbaren, überlege eine Lösung, wie beide Werte lebbar sind.

Handeln ist die stärkste Quelle für Selbstachtung. Deshalb lebe deine Werte mutig und konsequent.
Wenn du deine Werte aufstellst und kommunizierst, kannst du ganz klar und ohne Vorwürfe sagen, wann, in welcher Situation, deine Werte verletzt wurden und welche Konsequenzen das für dich hat. Das gibt dir Orientierung.

Am wichtigsten seien ihr Treue, Respekt, Ehrlichkeit, Wertschätzung und Mitgefühl, sagte mir Lisa.
Sie erzählte ihrem Mann davon, wie wichtig ihr Ehrlichkeit sei. In den letzten Monaten hatten beide oft Kommunikation zurückgehalten.

Sie vereinbarten, sich jetzt regelmäßig Zeit für zurückgehaltene Botschaften zu nehmen.

7. Schattenarbeit: Projektionen zurücknehmen

Immer dann, wenn uns im außen etwas begegnet, das uns so richtig aufregt und uns sehr heftig reagieren lässt, werden unsere Schatten in uns berührt. Das sind verdrängte, abgespaltene Anteile. Auch wenn wir etwas oder jemanden besonders bewundern oder beneiden, dürfen wir uns fragen, welche Aspekte unseres Seins wir noch nicht voll in unser Leben integriert haben. Alle ungeliebten, abgespaltenen Anteile unserer selbst, zu denen wir nicht stehen, projizieren wir gerne auf unser außen. Wenn wir unserem Partner z. B. vorwerfen, er sei nicht aufmerksam genug, ist es ratsam, zu schauen, wie es wirklich mit unserer eigenen Aufmerksamkeit für andere Menschen bestellt ist.

Übung:

Immer dann, wenn dich etwas im außen ganz besonders triggert und du dem wirklich auf den Grund gehen willst, kannst du den sogenannten 321-Schattenprozess (nach Ken Wilber) anwenden.

3. Beschreibe detailliert, was dich aufregt (Person, Verhalten) in der 3. Person Singular (Er nervt mich total, weil ...). Beschreibe so intensiv und ungefiltert wie möglich. Nicht beschönigen!
2. Nun formuliere alles so, als ob du mit der Person sprichst (du nervst mich ...). Sage ihr/ihm deine Vorbehalte direkt und ohne Umschweife ins Gesicht.
1. Jetzt stell dir vor, du bist diese Person, sprich in der Ich-Form. Sieh die Welt vollständig aus der Sicht dieser Person (Ich ...).

- Wie fühlt sich das an?
- Kommen dir die Erklärungen bekannt vor?
- Entsteht Mitgefühl?
- Erkennst du Parallelen zu eigenen Mustern?

Menschen, die ihre eigenen Schatten heimholen, machen anderen weniger Vorwürfe, be- und verurteilen weniger. Sie sind umgänglich und tolerant.

Lisa fand viele Punkte, die sie an ihrem Mann extrem nervten. Ich führte sie mehrmals durch den Prozess und Lisa konnte sehen, warum diese Punkte sie so besonders aufregten. Sie konnte ihre eigenen ungeliebten Anteile anerkennen und besser da sein lassen. Es entstand viel Verständnis für sein Verhalten.

8. Vergib dir und anderen

Gehst du manchmal sehr hart mir dir um, wenn du glaubst, einen Fehler gemacht zu haben? Wir sind alle Menschen. Fehler gehören zu unserem Leben dazu. Sie sind starke Triebkräfte für Weiterentwicklung und als solche auch ausgesprochen wertvoll. Die Frage ist also nicht, ob du Fehler machst, sondern wie du damit umgehst. Oft haben wir unrealistische Erwartungen an un, und andere Menschen, glauben zu wissen, was genau richtig und falsch ist. Vielleicht kannst du ja sehen, dass du oder dein Mitmensch zu jedem Zeitpunkt immer sein Bestes gegeben hat. Ich möchte dich dafür sensibilisieren, dass letztlich du es bist, die den Dingen ihre Bedeutung gibt.

Übung:

- Wann dachtest du zuletzt, dass du in einem bestimmten Bereich deines Lebens einen Fehler gemacht hast?
- Was war es genau?

Erkenne deinen Fehler an. Spüre möglichst unaufgeregt, was es zu fühlen gibt. Vielleicht ist da Wut oder Schmerz. Erkenne, dass du in diesem Moment einfach dein Bestes gegeben hast.

Schaue genau hin, gibt es noch etwas, was du verstehen, kommunizieren oder tun möchtest, damit du wieder mit dir in Frieden bist? Dann tu genau das.
Was kannst du ganz konkret ändern, damit du es nächstes Mal besser hinkriegst?

- Verzeihe dir. Steh auf und gehe achtsam weiter.
- Vergib dir und anderen, so erleichterst du dein Herz und bist offen für Wachstum.

Lisa hatte eine lange Liste, was sie und ihr Mann falsch gemacht hatten. Lisa machte reinen Tisch, sie konnte benennen, wo sie falsch gehandelt hatte, und war in der Lage, es ihm auch ganz klar so zu kommunizieren. „Ich bin sehr erleichtert, dass ich das nun so noch einmal sagen konnte.“, erzählte sie mir.

9. *Kultiviere Dankbarkeit*

Dankbarkeit kreiert Fülle. Die Dinge, denen wir unsere Aufmerksamkeit schenken, vermehren sich. Indem wir all das, was wir bereits haben regelmäßig dankbar anerkennen, rücken wir es in unseren Fokus. Dadurch erleben wir mehr Freude.

Übung:

- Benenne regelmäßig, für was du alles dankbar bist. Der Abend vor dem Schlafengehen eignet sich dafür besonders gut.
- Schieße dich mental auf Fülle statt auf Mangel ein und erschaffe dadurch noch mehr inneren und äußeren Reichtum.
- Ein dankbarer Mensch ist weniger anfällig für Unzufriedenheit, Gier und Neid. Er agiert großzügig, weitherzig und das Leben antwortet ihm entsprechend.

Lisa begann jeden Abend vor dem Einschlafen innerlich die Dinge zu benennen, für die sie tief dankbar war. Wie sie mir verriet, liebt sie dieses Ritual inzwischen, weil sie das Gefühl der Dankbarkeit nährt und erfüllt.

10. *Walk your Talk*

Eines ist offensichtlich. Selbstliebe entsteht nicht dadurch, dass du nur drüber redest.

Deine täglichen Handlungen zeigen, woran du tatsächlich glaubst. Bist du bereit, mit deinen Handlungen für dich selbst einzustehen? Lebst du, wovon du überzeugt bist? In der Praxis ist das gar nicht so leicht, denn deine innere Wahrheit zu leben ist oft unbequem. Was sind deine Widersacher? Ist es vielleicht Angst abgelehnt zu werden?

Meine Einladung an dich:

- Freunde dich mit Gefühlen wie Angst an.
- Erlaube dir das Gefühl auch auf körperlicher Ebene zu fühlen und willkommen zu heißen ohne den Kommentaren deines Geistes darüber Beachtung zu schenken.
- Welche Sehnsucht, welcher Grund ist mächtiger als die Angst?
- Finde 10 richtig gute Gründe, weshalb du trotzdem jetzt loslegst.
- Mache jeden Tag eine kleine Handlung in Richtung Ziel.
- Manchmal verwirren Zweifel unseren Geist. Warte nicht darauf, dass es aufhört. Zweifel gehören dazu. Gehe trotzdem los.

Lisa gestand sich ein, dass sie in vielen Situationen ihres Lebens anders gehandelt hatte, als sie es tief in sich drin für richtig hielt. Ihr Wert Ehrlichkeit machte ihr Sorgen. „Ich bin sehr oft nicht wirklich ehrlich“, sagte sie. „Oft passe ich mich an die Meinung anderer an, besonders im beruflichen Leben. Danach fühle ich mich aber nicht wirklich gut. Ich möchte mich selber mehr achten und werde in Zukunft achtsam und ehrlich zu meiner Wahrheit stehen.“

11. Wer bist du wirklich und wozu bist du hier?

Nach meiner Vorstellung bist du nicht auf dieser Erde, um möglichst viel zu bekommen. Auf Dauer wirst du keinen wahren Frieden finden, wenn die Sättigung deines kleinen Ichs deine einzige Motivation ist. Du ignorierst dann nämlich, wie bedeutsam es für uns Menschen ist, einen echten

Unterschied zu machen. Bewusst für einen anderen Menschen da sein und Geben ist Bewusstseinserweiterung. Im Geben erkennst du den anderen als einen Teil von dir.

Unterstütze andere Menschen, ohne Gegenleistungen zu erwarten. Erwache aus dem Traum des Mangels. Alles, was du anderen schenkst, schenkst du dir selbst.
Deine Würde wurzelt in deinem unerschütterlichen Wissen, dass du mehr bist als dieser physische Körper auf dieser Raum-Zeit-Erde. Deine tiefste Essenz ist unverwundbar. Deine Persönlichkeit ist eigentlich nur ein Konzept über dich, eine Idee. Nur dein eigener Verstand kann deine Würde verletzen, indem er glaubt, die Worte oder Handlungen eines anderen Menschen hätten wirklich die Kraft, deine Würde zu bedrohen. In dir gibt es einen Raum, der immer still ist, dieser Raum kennt alle Antworten und weiß immer, was richtig und was falsch ist. In diesem Raum bist du vollständig angenommen, geborgen und verbunden. Ein Mensch, der diesen Raum in sich findet, ist ein Segen für sich und die ganze Welt.

Oft rennst du jahrelang durch dein Leben und suchst unaufhörlich immer wieder nach neuen Kicks, Herausforderungen. Erfüllt dich das in der Tiefe? Was suchst du eigentlich wirklich da draußen? Vielleicht bist du ja selber der Mensch, den du die ganze Zeit gesucht hast? Wenn du weißt, wer du wirklich bist, findest du dich in allem wieder und alles, was ist, hat seine Bedeutung.

Halte deine Liebe nicht mehr zurück. Ich glaube, wir sind hier, um uns voll zu verschenken!

Als wir in der letzten Session über diese Fragen sprachen, war Lisa sehr ruhig und berührt. „Ich hatte ganz vergessen, wie es sich anfühlt, in sich selbst einen vertrauensvollen Ort der Zuflucht zu finden“, sagte sie.

Eine Woche nach der letzten Session hatte ich ein Telefonat mit Lisa. Gerne teile ich Auszüge aus Lisas Feedback an mich hier mit dir:

„Ich bin wieder viel mehr in meiner Kraft, fühle ganz klar, was stimmig ist und was ansteht. Gestern habe ich mich endlich für die Weiterbildung angemeldet!“

„Die Sessions haben mich wieder in Verbindung zu mir selbst gebracht, ich habe so viele wertvolle Impulse erhalten, die ich nun immer mehr umsetze. Die neuen Erkenntnisse haben die Beziehung zwischen mir und meinem Mann sehr stark zum Positiven verändert."

„Ich erkenne jetzt auch, dass die Welt ein Spiegel ist und schaue zuerst bei mir hin. Das ist heilsam und bringt Verbindung statt Streit. Allerdings merke ich natürlich, wie machtvoll Gewohnheiten sind. Manchmal gelingt es mir auch einfach noch nicht, es ist ein Prozess. Aber jeder noch so kleine Schritt in die richtige Richtung zählt."

Liebe Leserin, vielleicht konntest auch du bereits einige Aspekte unserer kurzen Reise auf deine eigene Lebenssituation anwenden und bereichernd einsetzen.
Bewusstseinsentwicklung ist ein lebenslanger Prozess.

Gib dir Zeit.

Viel Bewusstwerdung, Heilung und Freude auf deinem Weg zu dir selbst!

Genieße deine wunderbare Reise und traue dich, bemerkenswert DU SELBST zu sein.

Namaste.

Gabriele Klaus

www.dr-gabriele-klaus.de

4 Ebenen der Kommunikation

Autorin: Eva Laspas
www.laspas.at

Damit du Erfolg hast, braucht es andere Menschen. Allein im stillen Kämmerchen kann dir zwar auch etwas gut gelingen, aber wenn du deine Freude darüber nicht mit anderen teilst, wird niemand mit dir feiern. Um deine Erfolge mit anderen zu teilen, braucht es Kommunikation.
Diese betrifft deine Gedanken, deine Worte und deine Texte. Ja sogar ein einziger Satz in den Social Media zeigt mehr von dir, als du vielleicht denkst. Wenn du ihn unbewusst einsetzt, kann er deine Erfolge schmälern. Gezielt eingesetzt, fördert er sie.

Kommunikation auf allen Ebenen hilft dir unter anderem:

- Verhandlungen zu meistern.
- Kundengespräche optimal abzuwickeln.
- Den Partner zu erreichen.
- Mit der Familie in Frieden auszukommen.
- Im Dialog mit dir selber zu stehen, verstehen, was dein Körper mir sagen möchte.

In diesem Artikel erfährst du, wie du erfolgreich kommunizierst. Auf mehreren Ebenen.

1. Ebene: Der innere Dialog

Meines Erachtens steht und fällt die gesamte Kommunikation im Außen mit der in meinem Inneren. Auf der Suche nach Verifizierung meines Gefühls bin ich im Buch „Resilienz“ von Dr. med. Miriam Prieß auf das Kapitel des „inneren Dialoges“ gestoßen.

Tatsächlich geht es auch bei ihr um den inneren Dialog als wichtigsten Punkt, wenn es um Kommunikation im Außen geht.

„Der innere Dialog ist Dreh- und Angelpunkt, wenn es um die Stärkung der eigenen Resilienz geht. Er ist nicht nur die Grundlage und Voraussetzung für ein authentisches Leben, sondern auch dafür, mit der Welt in den Dialog zu treten.“

Was das konkret heißt?

Damit du erfolgreich wirkst, braucht es unterschiedliche Kriterien:

- Wahres Interesse,
- Empathie,
- Offenheit,
- Begegnung auf Augenhöhe sowie
- Respekt und
- Wertschätzung.

Wahrscheinlich beachtest du diese Kriterien bisher nur, wenn du mit anderen agierst. Nun, das ist das sprichwörtliche „Bemühen“, das fehlerhaft wird, sobald du müde oder im Stress bist ... Man könnte sagen, es ist nur Lack und der bröckelt leicht ab. Damit es dauerhaft, damit es „echt“ ist und kein Bemühen mehr, darf es tiefer gehen. Daher: Erfolgreiche und authentische Kommunikation fängt bei dir – du mit dir – an.
Beobachte einmal genau, wie du mit dir selber sprichst. Vor allem – nimm die Untertöne wahr. Horche auch genau hin: Wer spricht da tatsächlich? Welcher Teil in dir spricht da? Vielleicht ist es gar das Echo von Omas oder Mamas Stimme? Und wenn du solche fremden „Einflüsterung“ entdeckt hast, entscheide: Ist diese Anweisung noch richtig und wichtig für dich? Oder hat sie sich überlebt mit den Jahren? Danach nimm genau wahr, was du zu anderen sagst. Wie sie reagieren. Erkenne, dass du die Kommunikation leitest, wenn du sprichst. Sollten also manche Worte nicht so ankommen, wie du sie dir vorgestellt hast – bist du verantwortlich.

Verbanne Gedanken wie: „Der kapiert aber auch gar nichts ... immer treffe ich auf dieselben Menschen ... keiner versteht mich ...“

Frage dich stattdessen: „Was kann ich sagen, damit er mich versteht? Warum treffe ich so häufig auf Menschen, die mir dieses oder jenes spiegeln? Was könnte der Grund sein, dass ich das Gefühl habe, mich verstünde keiner?"

Wenn du das zu deiner Verantwortlichkeit machst, wie deine Worte bei den anderen ankommen, wird sich deine gesamte Persönlichkeit wandeln. Du wirst strahlender. Das ist kein Spaziergang, den du in einigen Wochen „erledigst". (Wenn du das denkst, bist du schon wieder im Bemüh-Modus drinnen!) Dazu braucht es Jahre unermüdlicher Arbeit an dir. Stetig und unermüdlich. Nur so wirst du dich wahrlich erfolgreich fühlen.

Deine Gedanken sprechen mit dir

Ein wichtiger Punkt auf deinem Weg zum Erfolg ist, deinen Gedankenstrom kennenzulernen. Erkenntnisse darüber, was du denkst, werden dir beim Sprechen aber auch beim Schreiben helfen. Der einzige Unterschied beim Denken ist, dass es sehr oft unbemerkt abläuft. Gesagtes hört man vielleicht noch im Echo oder wenn du dir Videos von dir ansiehst. Schriftliche Gedanken zeigen es besonders deutlich, wie du über dich denkst: Schwarz auf weiß.

Obwohl Gedanken so flüchtig sind – nichtsdestotrotz wirkt ein unbemerkter Gedanken genauso wie ein bemerkter. So kann der kleiner abwertender Satz „Wenn ich das ... nicht weiß, blamiere ich mich.", so rasch durch dich hindurch flitzen, dass du es kaum bemerkst. Die Wirkung tritt ebenso unbemerkt ein. Du hast tatsächlich im Außen keinen Erfolg. Auf magische Weise werden Situationen in dein Leben treten, die dir recht geben: Du weißt etwas nicht und versinkst in einem imaginären Loch im Boden.

Damit das nicht mehr passiert, wirst du danach trachten, dich solchen Situationen nicht mehr auszusetzen. Leider bleibst du dadurch „unsichtbar" für andere. Viel besser ist es, den Gedanken zu entdecken, wenn du ihn denkst und sogleich umzuwandeln in zum Beispiel: „Wenn ich etwas nicht kenne, weiß ich, wo ich nachschauen kann. Niemand kann alles wissen."

Wenn du tatsächlich Veränderung bei dir bewirken möchtest, darfst du ab jetzt beobachten, was genau du denkst. Das geht nicht von heute auf morgen, es braucht Übung und vor allem Wachsamkeit. Konzentration.

Das Training der Gedanken gestaltet sich genau aus diesem Grund langwieriger als das der Sprache oder deiner Texte. Und wenn du deine Gedanken nicht kontrollierst, bemerkst du nicht einmal, dass du sie in deinen Worten und Texten ausdrückst. Andere aber schon.

Du brauchst Konsequenz, um spezielle Gedanken umzudenken.

Übung: Eine Befürchtung aus dem Leben befördern

Wenn es um eine spezielle Angst geht, etwas, was sich noch nicht in deinem Leben manifestiert hat, du aber auf keinen Fall haben willst – dann **ziehe deine Aufmerksamkeit davon ab.**

- Denke nicht mehr daran.
- Nie mehr.
- Lass einfach den Gedanken daran weg.
- Denke also nicht „Ich will nicht arm sein." Lass es einfach weg. Jedes Mal, wenn der Satz erneut kommt, lass ihn weg. Und alle anderen Gedanken, die ähnlich sind oder dasselbe Ergebnis in deinem Leben haben, ebenso.
- Gehe nicht näher darauf ein.

Was du nicht mehr denken willst, streiche, und erzähle es auch nicht mehr weiter.

Befürchtungen anderen zu erzählen, wirkt verstärkend. Erzähle also nicht herum, dass du befürchtest, kein Geld mehr zu haben, denn du weißt, wie es bei der stillen Post ist: Am Ende kommt nichts Sinnvolles dabei heraus.

Ich weiß, das ist schwer. Wir wurden so sehr auf das „nicht" konditioniert. Auf das Jammern, die anderen „anzujammern", sich bei ihnen zu „be-schweren".

„Es zu erzählen erleichtert mich." – Ja, und den anderen beschwert es. Meist hat er nicht darum gebeten.

Bleiben wir gleich beim Beispiel mit „arm sein". Ein Unternehmer denkt die ganze Zeit: „Ich hab kein Geld. Das ist zu teuer. Ich darf nicht so viel ausgeben. Ich verdiene nicht genug. Das Geschäft geht schlecht." Oder wenn es um das Alter und die Gesundheit geht: „Ab 35 beginnt der Zerfall. Oh weh, jetzt bin ich schon 50 ..." Bei jedem Ziehen und Zerren denkt er: „Eh klar, das muss so sein, denn ich bin ja schon so und so alt." Da das Gehirn ein lernfähiger Muskel ist, reagiert es bereitwillig auf diesen Befehl. Es liefert dir Tag für Tag mehr und immer mehr dieser Gedanken, denn – da du ständig daran denkst, scheinst du genau das erleben zu wollen.

Wenn du deine Aufmerksamkeit auf genau das richtest, was du sagst oder denkst, wird es in deiner Umgebung plötzlich zu finden sein. Du hörst diese Sätze auf der Straße, in der U-Bahn, in Gesprächen mit Freunden. So wird aus deinen Gedanken Wirklichkeit, die andere Menschen mit dir teilen. Es ist nicht die allgemeingültige Wirklichkeit, sondern eure ganz spezielle gemeinsame „Gruppenwirklichkeit".

Ganz zu Beginn meiner Tätigkeit hatte ich einmal so dahin geraunzt, dass Excel-Listen Schreiben für mich so mühsam sei und ich daher das Rechnungsschreiben nicht gerne hätte. Was soll ich dir sagen, genau das hat sich manifestiert. Ich durfte längere Zeit keine Rechnungen mehr schreiben ... Seither liebe ich es, Rechnungen auszustellen.

2. Ebene: Mit dem Herzen sprechen

Kennst du Menschen, die deinem Blick stets ausweichen? Oder deren Blick unstet flackert? Die dich nie direkt anschauen oder dauernd eine dunkle Brille tragen? Wie wirken sie auf dich? Was fühlst du, wenn du längere Zeit mit ihnen sprichst? Wie fühlst du dich wahrgenommen? Wie tatsächlich in deinem Innersten erkannt und wertgeschätzt?

Kommunikation betrifft zu einem wesentlichen Teil unsere Augen und unsere Blickführung. Wenn du einem anderen Menschen wirklich in die Augen schaust, dann ist das wie eine Berührung. Wahrnehmen ist das größte Geschenk.

Du nimmst dein Gegenüber wahr, zeigst damit, dass er/sie da ist. Angenommen ist.

Fehlt der Augenkontakt, fühlt sich das irgendwie „komisch" an. Das kennst du sicher – vielleicht hast du auch das Gefühl, als wolle der andere etwas verbergen. Sich selber verbergen. Als Kinder haben wir immer das Spiel „Niederstarren" gespielt. Wer länger dem anderen in die Augen schauen kann, ohne zu zwinkern, hat gewonnen.

Das ist damit nicht gemeint, obwohl es ein gutes Training ist, was die Fähigkeit betrifft, die Augen länger geöffnet zu halten, ohne zu zwinkern. Der Augenkontakt hat einen sehr wichtigen Einfluss auf den Erfolg deines Gespräches. Du möchtest, dass sich dein Partner öffnet, du sein Vertrauen gewinnst, und ihn schließlich motivieren kannst, etwas zu tun. Und sei es nur, dir zu vertrauen. Dein Freund zu werden. Das gelingt dir, indem du ihn absolut ernst nimmst und ihm deine volle Aufmerksamkeit widmest. Du öffnest die Augen und richtest sie auf deinen Gesprächspartner. (Ja, das geht auch beim Video und bei Onlinetreffen!) Schaue deinem Gesprächspartner mit Interesse in die Augen, jedoch ohne ihn zu fixieren. Und lächele. Ein wirkliches Lächeln beginnt stets bei den Augen. Ein offener und weicher Blick signalisiert Interesse und Entgegenkommen und öffnet dir die Welt zum anderen.

3. Ebene: Die Sprache des Lebens

Das Modell „Gewaltfreie Kommunikation" (GFK) von Marshall B. Rosenberg in den 1960er Jahren entwickelt, wird auch „Sprache des Lebens" genannt. Es ist ein machtvolles Werkzeug, um persönliche, berufliche, aber auch politische Konflikte friedlich beizulegen.
Im Grunde geht es darum, dass ich ganz in mir selber verankert bin und aus dieser Grundhaltung jede Äußerung eines anderen Menschen als das annehme, was sie ist:

Sie macht mich nicht nieder, sondern dient dazu, mir etwas von ihm mitzuteilen, Aufmerksamkeit zu erlangen oder Bedürfnisse zu kommunizieren. Ich brauche mich daher nicht angegriffen zu fühlen, sondern kann mich seiner Sehnsucht widmen.

Besonders wir Frauen sind jahrhundertelang in eine Opferhaltung gepresst worden und mussten unsere eigenen Bedürfnisse verleugnen, um andere zu pflegen oder für sie zu sorgen. Wir wurden dazu erzogen, es als unsere höchste Pflicht anzusehen, uns um andere zu kümmern.
Dabei haben viele von uns gelernt, ihre eigenen Anliegen zu ignorieren. Wenn wir nun um etwas bitten, werden wir das vielleicht auf eine Art und Weise tun, die unseren Glauben widerspiegelt, wir hätten nicht wirklich ein Recht auf unsere Bedürfnisse oder diese wären unwichtig.

Im Buch „Gewaltfreie Kommunikation" von Marshall B. Rosenberg wird dazu ein Beispiel gebracht:

„Nach einem arbeitsreichen Tag kommt eine Frau müde von der Arbeit nach Hause und möchte etwas Zeit für sich selbst. Sie sagt zu ihrem Mann: „Du weißt ja, dass ich heute nicht einen Moment Zeit für mich hatte. Ich habe die Hemden gebügelt, die Wäsche von der ganzen Woche gewaschen, war mit dem Hund beim Tierarzt, habe Essen gemacht, die Pausenbrote geschmiert und die Nachbarn wegen des Haustreffens angerufen, also (flehend) ... wie wär's, wenn du ...?" Als umgehende Antwort kommt das „Nein" von ihrem Mann. Ihre wehleidig hervorgebrachte Bitte ruft Widerstand statt Mitgefühl bei ihrem Mann hervor. Ihm fällt es schwer, die Bedürfnisse hinter der Klage zu hören und ernst zu nehmen. Außerdem reagiert er negativ auf ihren schwachen Versuch, zu argumentieren, was sie von ihm bekommen „sollte" oder sich es „verdient" habe.
Am Ende ist sie wieder überzeugt davon, dass ihre Bedürfnisse nicht zählen. Sie merkt nicht, dass sie ihre Wünsche auf eine Art und Weise zum Ausdruck gebracht hat, die zu einer positiven Reaktion wenig beitragen."

Wenn wir unsere eigenen Bedürfnisse nicht ernst nehmen, tun andere es auch nicht.

Marshall B. Rosenberg; Gewaltfreie Kommunikation

4. Ebene: Wie du denkst und sprichst – so schreibst du

Nachdem du also dein Denken überprüft, deine verbale Kommunikation und die der Herzen kennengelernt und optimiert hast, richtest du dein Augenmerk auf deine Texte.

Da kommt jetzt noch einmal ein Filter zwischen dich und deine Leser. Texte sind einseitig. Sie lassen den Leser allein mit sich und seinen Gedanken. Augenkontakt, Gestik, Mimik – alles fehlt. Man nennt sie auch „Einwegkommunikation". Text ist daher die schwierigste Form der Kommunikation. Egal, was du beruflich tust, Texte werden immer als Kommunikationsmittel dienen. Ob du deinem Chef, deiner Kollegin, deiner Mitarbeiterin oder deinem Kunden schreibst – du darfst die Grundregeln des Schreibens kennen.

Und dir bewusst sein, was du mit Text alles an-/ausrichten kannst. Du denkst, dass du in der Schule ja schreiben gelernt hast? Ja, dort haben wir sehr viele Strategien und Stilmittel gelernt, nur die passen nicht zu jeder Textart. Prosa ist anders als Business-Texte schreiben.

Damals hatte man mehr Zeit, genüsslich zu lesen, heute ist keine Zeit mehr für Lesegefühl. Jeder möchte rasch an den Kern der Sache. Wenn du also im Beruf erfolgreich sein möchtest, brauchst du klare Texte, wo du sofort auf den Punkt kommst. Lasse deine Leser rasch erkennen, was du anbietest oder möchtest. Besonders schwerwiegend sind langatmige Texte, wenn du deine eigene Firma hast und dich, deine Unsicherheiten, Angebote oder Wünsche hinter „Textwürsten" versteckst. Wenn niemand erkennt, wobei du hilfst, wird keiner dein Kunde. Wer kauft schon gerne die Katze im (Text-)Sack.

Ich sehe leider viel zu viele Unternehmerinnen, die in ihren Texten zeigen, welche Unsicherheiten sie in sich tragen. Über sich selber und ihre Dienstleistung. So verstecken sie ihre Einzigartigkeit hinter reichlich „Wortgestöber". Das ist sehr schade. Also bin ich seit gut zwanzig Jahren auf dem Weg, Frauen erfahrbar zu machen, welchen wesentlichen Einfluss ihre Texte auf ihr Business haben.

Verneinung zwingen den Leser zur Gedankenakrobatik

Mechthild R. von Scheurl-Defersdorf, studierte Sprachwissenschaftlerin, gelangte durch den bekannten Zufall zur Erkenntnis, dass Sprache sagt, was wir denken. 2005 entwickelte sie ihr Konzept unter dem Namen Lingva Eterna® und ging damit an die Öffentlichkeit. Ich war immer schon bedacht, äußerst passende Wörter zu wählen, denn jedes Wort fühlt sich anders an und hat eine klare Wirkung – ihre Bücher haben mir dabei sehr unterstützt.

Beispiele:
Statt des Satzes:
„Ich will nicht zu spät kommen“, ist besser: **„Ich will rechtzeitig da sein.“**

Oder statt:
„Lass die Flasche nicht fallen!“, wäre besser: **„Halte die Flasche gut fest.“**

Beide Alternativen wirken kräftiger, weil das „nicht“ aufweicht und unser Gehirn einen Umweg denken muss. Stelle dir bitte mal keinen rosa Elefanten vor. Siehst du, es geht nicht. Füllst du also deine Texte mit vielen Verneinungen, wirkt dein Text generell negativ. Und ist schwieriger zu erfassen. Du zwingst deine Leser, ums Eck zu denken. Das ist mühsam und der Leser ist als Kunde verloren.

Das Wörtchen „müssen“

Als letztes Beispiel möchte ich wieder einmal dem Wörtchen „müssen“ auf den Leib rücken. In zahlreichen Artikeln im Festival der Sinne-Onlinemagazin, meinen Büchern und meinem Blog auf der Akademie Schreiben lernen habe ich es schon „zerkaut“ und mehr oder weniger ausgemerzt.

Im Großen und Ganzen gelingt es mir, dieses Wort nicht mehr zu benutzen – es steckt für mich immer ein Zwang dahinter. Wenn ich den nicht tatsächlich habe, dann meide ich es, Zwang auszudrücken, wo vielleicht Wille oder eine Möglichkeit stecken. In meinen Texten vermeide ich es komplett, weil ich es als totalitär gegenüber meinem Leser empfinde.

Ich selber muss nichts, außer sterben. Also erwarte ich das auch nicht von meinen Lesern oder Kunden.

So richtig bemerkte ich die Wirkung des Wortes, als ich meine Kinder in den Kindergarten brachte, und sie mit dem Satz antrieb: „Die Mama muss arbeiten gehen." Es gab jeden Tag Geschrei und Weinen. In Buch Lingva Eterna® las ich dann über den Druck, den das Wort erzeugt. Ich probiere es gleich am nächsten Tag aus und sagte: „Die Mama will arbeiten gehen." Und tatsächlich, die Kinder verabschiedeten sich und gingen spielen. Kein Theater mehr. Es war verblüffend.

Auch Lingva Eterna® rechnet mit dem Wort „ab". In den Seminaren werden Übungen zum Wort „müssen" gemacht, um die Wirkung fühlbar zu machen. Dabei spricht ein Seminarteilnehmer einen anderen an und sagt ihm einen Satz oder eine Botschaft, die aus mehreren Sätzen besteht. Im ersten Durchgang wird das Wort „müssen" eingeflochten. Das führt weder in einen Dialog noch in ein Rollenspiel. Es geht einzig darum, zu erfühlen, was beim Angesprochenen ankommt und welche Ausstrahlung der Sprecher bei der jeweiligen Formulierung hat. Fazit ist, dass das Wort „müssen" sowohl in der Körpersprache als auch im Sprachausdruck viel Druck beim Empfänger auslöst.

Bei sprachlichen Alternativen zu „müssen" ist der Druck weg, dafür wächst die Bereitschaft, mitzumachen. Das funktioniert aber auch bei uns selber. Wenn du dir also ständig sagst: „Ich muss noch einkaufen. Ich muss noch bügeln. Ich muss diese Arbeit fertig machen" erzeugst du dir mehr Druck, als notwendig ist.

Wir machen uns selber und anderen mit dem Wort „muss" viel Druck.

Fazit:

Hier schließt sich der Kreis – wir sind über den Text und das Schreiben deiner Texte zu deinen Gedanken zurückgekommen. Diese Dreieinheit „denken – sprechen – schreiben" sollte ab jetzt absolute Prämisse in deinem Leben haben, wenn du tatsächlich erfolgreich sein möchtest. Egal, was du als Erfolg für dich bezeichnest. Lernst du, konkret und klar zu denken, wirst du eindeutig ausdrücken, was du möchtest. Und deine Texte wirken als klarer Magnet auf potenzielle Kunden, Chefs oder Mitarbeiter.

Viel Spaß bei deinem erfolgreichen Leben!

Deine

Eva Laspas

Werbeagentur Laspas – Text-Konzepte und Corporate Language – www.laspas.at

Leitung Akademie Schreiben lernen – www.akademie-schreiben-lernen.at

Herausgeberin Festival der Sinne-Onlinemagazin – www.festivaldersinne.info
Initiatorin Festival der Sinne-Club – www.club.festivaldersinne.info

Wer schreibt hier?

„Mit Empathie und Realitätssinn übernehme ich Verantwortung und verschiebe Grenzen, damit Menschen Raum und Möglichkeiten erkennen, ihr Potential zu entfalten."
Geboren mit der Fähigkeit, der Zeit, immer ein Stück voraus zu sein, erfühle ich Möglichkeiten und Zukunftsperspektiven schon lange, bevor sie aktuell werden. Aus einer erweiterten Perspektive ist es mir möglich, Synergien zu erkennen und Abläufe effizienter zu gestalten. Mit Empathie erfühle ich, welche Intention hinter Worten liegt. So bringe ich Harmonie in Gruppen und initiiere Wege abseits der Autobahn für die Gemeinschaft. Troubleshooterin nennen mich einige Menschen, andere Hebamme.

Im Laufe meiner Lebensreise habe ich schon einige Meisterschaften abgeschlossen. Mit 20 Jahren jüngste Filialleiterin mit später 15 Angestellten, mit 30 meine eigene Werbeagentur. 2001 publizierte ich meine erste Internetzeitung für Körper, Geist und Seele, 2003 die erste Gesundheitsmesse Festival der Sinne, später jährlich in vier Hauptstädten in Österreich, 2009 publizierte ich das Festival der Sinne-Journal und schrieb schon damals Artikel, die das Weltgeschehen heute erkannten.

2015 erkannte ich die Wende und öffnete die Messewebseite für das Festival der Sinne- Onlinemagazin. 2017 schloss ich die Gesundheitsmessen – und spezialisierte mich auf Text-Konzepte und Kommunikation. Seitdem begleite ich Frauen über Positionierungsarbeit und Text-Konzepte, ihre Einzigartigkeit zu einer Dienstleistung zu formen, von der sie leben können. Dabei unterstütze ich sie auch mit dem FdS-Onlinemagazin und dem FdS-Club: „Allein war gestern, gemeinsam ist das Heute“.

Selbstzweifel aus, Erfolg an

Autorin: Janina Tiedemann
www.janinatiedemann.de

Egal, was wir im Leben erreichen wollen, wenn wir es uns selbst nicht zutrauen, warum sollte es dann ein anderer tun? Viele Frauen leisten Großes, doch erkennen dies nicht wirklich für sich an oder vergessen es schnell wieder. Dieses Phänomen habe ich „Erfolgsdemenz" getauft. Wie schaffen wir es, diese zu überwinden, unseren oftmals viel zu hohen Eigenanspruch runter- und unser Selbstvertrauen hochzuschrauben? Legen wir los.

Sieben auf einen Streich

Kennst du diesen Mann? Erinnerst du dich noch an die Geschichte? Ja, richtig – es war irgendwas mit „sieben auf einen Streich". Falls bei dir die Märchenstunde schon etwas länger her sein sollte, hier ein flotter Abriss der Geschichte:

Ein Schneider saß in seiner Küche und fühlte sich von herumschwirrenden Fliegen genervt. Er nahm einen Lappen und schlug die Fliegen tot. Bei genauem Hinsehen entdeckte er, dass er 7 Stück erwischt hatte, und dachte sich: „Man, bin ich ein toller Hecht!"
So begeistert von seiner Leistung, beschloss er, diese der Welt mitzuteilen.

Er stellte eine Gürtelschnalle mit dem Aufdruck „7 auf einem Streich" her. Damit zog er durch die Lande und entgegenkommende Menschen dachten, er sei ein Kriegsheld und habe 7 Männer auf einen Streich getötet. Dieser Ruf drang auch bis zum König vor. Schwer beeindruckt dachte dieser, so einen Helden brauche er für seine Reitertruppe. Er fragte den Schneider, ob er sich vorstellen kann, Kommandeur der Reitertruppe zu werden.

Der Schneider dachte sich: „Klingt spannend!", und nahm den Job an. Nach einiger Zeit stellte der König fest, dass er ein Problem hatte. Die anderen Männer der Reitertruppe wollte nicht mit dem Schneider zusammenarbeiten, da sie Angst hatten, dass er ihnen bei dem kleinsten Fehler etwas antun würde. Immerhin hatte er ja 7 Männer auf einen Streich getötet. Der König überlegte, wie er den Schneider wieder loswerden könnte, denn einfach kündigen kann man so jemanden ja nicht. Viel zu gefährlich.

Er stellte dem Schneider die Aufgabe, 2 Riesen, die das Dorf verwüsteten, zu töten. Als Belohnung versprach er ihm die Hand seiner Tochter. Der Schneider zog los und lies die anderen Männer der Reitertruppe irgendwo stehen. Er kletterte auf einen Baum, um die Riesen zu beobachten. Diese schliefen. Der Schneider sammelte kleine Steine und fing an, den einen Riesen mit den Steinen zu bewerfen. Dieser wachte auf und sah sich um, wer ihn hier ärgern wolle.

Es war weit und breit niemand zu sehen. Also fuhr er den anderen Riesen an und fragte ihn, was das solle. Der wusste natürlich gar nicht, was los war. Die Riesen schliefen wieder ein. Der Schneider wiederholte sein Steinewerfen einige Male, bis die Riesen so wütend aufeinander waren, dass sie sich gegenseitig totschlugen. Der Schneider kehrte zum König zurück, erzählte ihm, er habe den Job erledigt und bekäme somit seine Tochter zur Frau.

Vom einfachen Schneider zum zukünftigen König. Was für eine Karriere! Was genau sind nun die Zutaten dieses Erfolges? Schauen wir uns sie an.

Was ist für uns Erfolg?

Der Schneider empfand es als Erfolg, sieben Fliegen auf einen Streich zu töten. Wäre das auch für uns ein Erfolg gewesen? Oder wären wir damit beschäftigt, die Fliegen schnell zu entsorgen und die Arbeitsplatte zu säubern?
Was erwarten wir von uns selbst? Hatten wir Erfolg oder einfach nur Glück? Tendenziell führen Männer ihre Erfolge auf ihr eigenes Können zurück, Frauen eher auf Glück. Bei Misserfolgen verhält es sich genau umgekehrt. Hier suchen die Männer die Gründe eher im Außen („War eben Pech.") und Frauen bei sich („Was habe ich falsch gemacht?").[1]

Eine weibliche Führungskraft hatte hierzu ein Schlüsselerlebnis. Im Unternehmen wurden betriebsbedingt mehrere Stellen gestrichen und entsprechend Leute entlassen. An dem Tag, an dem die Kündigungen ausgesprochen wurden, erhielt sie von zwei ihrer Mitarbeiter/-innen einen Anruf.

1. Ein junger Mann rief an und sagte „Du, Anja, du hast doch gute Kontakte zu zahlreichen Unternehmen. Ich brauche einen neuen Job. Welche Kontakte kannst du mir herstellen?"

2. Eine junge Frau rief an und sagte „Anja, mir wurde gekündigt. Ich weiß ja, dass ich [dieses und jenes] hätte besser machen können. Heute weiß ich, dass ich im Projekt XY ... Mir sind diese Fehler bewusst, doch dass ich so schlecht bin, dass mir gekündigt wird ... Was mache ich denn jetzt?"

Die junge Frau hat nach ihren Fehlern gesucht, der junge Mann nach Wegen für seine berufliche Zukunft.
Natürlich sollten wir uns selbst reflektieren, denn nur so werden wir besser. „Das Bemerkenswerte an der Situation war jedoch", sagte Anja, „die Frau war dreimal besser als der Mann." Doch sie war es, die sich mit Selbstzweifeln quälte. Das bedeutet nicht, dass Männer keine Selbstzweifel haben.

Entscheidend ist die Frage, was eine solche Situation mit unserem Selbstvertrauen macht und wie sich dies auf unser Handeln auswirkt.

Die eigene Leistung anerkennen

Wenn wir es nicht schaffen, unsere eigene Leistung anzuerkennen, dann können wir noch so gut sein, ein Restzweifel wird immer bleiben. In meinen Workshops beobachte ich bei vielen Frauen etwas, das ich „Erfolgsdemenz“ getauft habe. Bei der Aufgabe mal ihre Erfolge aufzuschreiben, meinte eine Teilnehmerin recht ratlos: „Ich könnte mich nicht erinnern, mal einen richtigen Erfolg gehabt zu haben“. Ich guckte sie an und sagte: „Wenn ich vorhin in der Vorstellungsrunde richtig aufgepasst habe, hast du fünf Kinder großgezogen. Meinen absolut tiefsten Respekt für diese unglaubliche Leistung, für diesen unglaublichen Erfolg.“

Eine andere Teilnehmerin war zunächst skeptisch, hörte dann jedoch gar nicht wieder auf, zu schreiben und ihr Grinsen im Gesicht wurde immer größer. Als ich sie darauf ansprach, meinte sie: „Wenn ich mir das hier so durchlese ... eigentlich bin ich ’ne ganz schön geile Sau“. Das aus dem Mund einer Mitte Fünfzigjährigen, brachte den ganzen Raum zum Lachen.

Oft hilft der Austausch mit anderen, um sich selbst an seine Erfolge zu erinnern. Eine Teilnehmerin erinnerte sich daran, wie sie als Fünfzehnjährige allein nach England reiste, um die Sprache besser zu lernen. Zwei weiteren Teilnehmerinnen fiel ein, dass sie dies (in sogar noch jüngeren Jahren) auch taten – zu Zeiten, in denen es weder Mobiltelefone noch Internet gab.
Wie schaffen wir es also, der Erfolgsdemenz entgegenzuwirken und unsere eigenen Leistungen anzuerkennen? Hier ein paar Möglichkeiten:

Aktivrunde

1. Nimm dir 15 Minuten Zeit und schreibe deine Erfolge auf. Starte mit jenen, die dir zuerst in Den Kopf kommen. Solltest du ins Stocken geraten, Gehe

einfach chronologisch vor, wobei du auch vom Jetzt in Richtung Vergangenheit denken kannst. Wichtig ist, dass du erst mal alles aufschreibst, was dir in den Kopf kommt, ohne dies zu bewerten. Falls du denkst „Na ja, ist das jetzt wirklich Ein Erfolg?", schreib es auf.

2. Verbildliche dir deine Erfolge. Diese Übung ist etwas zeitintensiver, doch sie verschafft dauerhaft gute Laune und Selbstvertrauen. Stelle dir Fotos zusammen, die dich in Situationen zeigen, in denen du stolz auf dich warst oder die einen bestimmten Erfolg widerspiegeln. Dies können z. B. Fotos sein, dic dich an Weiterbildungen, Reisen, Ehrenämter, Jobs oder Renovierungen erinnern. Bei mir hängen diese Fotos im Flur und wenn ich am Zweifeln bin, gucke ich sie mir an und denke mir: „Du hast schon so vieles geschafft, das schaffst du auch".

3. Erstelle dir einen detaillierten Lebenslauf. Einen Lebenslauf verbinden wir meist mit Bewerbungen und dem Gefühl uns „irgendwie gut verkaufen zu müssen". Dies wird ein Lebenslauf, der nur für dich ist. Nimm deinen letzten erstellten Lebenslauf als Vorlage und ergänze ihn um alles, was dir einfällt, z. B. um jede Fortbildung (auch wenn sie mit deiner jetzigen Tätigkeit nichts zu tun hat) und jedes Engagement (z. B. die Tätigkeit im Elternrat oder Unterstützung bei einer Spendenaktion). Hinter all unseren Tätigkeiten stecken Kompetenzen, die wir erworben und angewandt haben. So erfordert die Leitung einer Kindersportgruppe unter Umständen mehr Führungskompetenz als jene von Mitarbeitern. Diese Kompetenzen und Erfolge dürfen wir für uns anerkennen.

Wenn wir uns unserer Kompetenzen, Leistungen und Erfolge bewusstwerden, wirkt dies positiv auf unser Selbstvertrauen. Egal, was wir im Leben erreichen wollen, wenn wir es uns selbst nicht zutrauen, warum sollte es dann ein anderer tun? Nehmen wir mal an, jemand anderes erkennt unsere Leistung an, nur wir tun dies nicht. Insbesondere im norddeutschen Raum antworten viele Menschen, nachdem man sich bei ihnen bedankt hat, mit: „Ach, dafür nicht." Oder: „Nicht der Rede wert!". Wie schwachsinnig – im wahrsten Sinne des Wortes. Es bedankt sich jemand bei uns und wir sagen ihm, dass er sich dafür nicht zu bedanken braucht. Beim nächsten Mal sind wir dann beleidigt, dass sich niemand für unsere Arbeit bedankt. Noch negativer ist das Signal, das wir an uns selbst senden. Wir sagen uns, dass unsere erbrachte Leistung eigentlich gar keine ist und machen uns damit unnütz klein.

Wunderbar sehen können wir diese „Abwehrhaltung", wenn uns etwas Positives entgegengebracht wird, auch bei Komplimenten. Beispiel: „Schönes Oberteil hast du an!"

Die meisten Frauen reagieren mit einem der drei folgenden Sätzen:

- „Och, war ganz günstig" (Optional mit Benennung des Preises, bzw. des heruntergesetzten Angebotspreises) → Wir werten das Produkt ab.
- „Wenn ich fünf Kilo weniger drauf hätte, würde es noch besser aussehen" → Wir schaffen es, ein Kompliment in eine Beleidigung uns selbst gegenüber zu verwandeln.
- „Das hab ich schon drei Jahre" → Wir schaffen es, dass der andere sich unwohl fühlt, indem wir ihm unterschwellig mitteilen, dass er nicht sonderlich aufmerksam ist. Hat er das Teil drei Jahre lang nicht bemerkt. Komisch, dass wir immer weniger Komplimente bekommen.

Aktivrunde: Überlege, wo du dich unnötig klein machst. Wie gehst du mit Komplimenten um? Ich habe eine Zeit lang mal auf Lob mit dem Satz: „Auch ein blindes Huhn findet mal einen Korn", reagiert. Viel mehr kann man das eigene Selbstvertrauen nicht sabotieren.

Eine gute Antwort auf Komplimente ist das einfache Wort: „Danke." Oder wenn du dem anderen eine Wertschätzung entgegenbringen möchtest: „Danke. Es freut mich, dass dir das aufgefallen ist."

Um auf das „Tapfere Schneiderlein" zurückzukommen: Wenn wir es nicht schaffen, unseren eigenen Erfolg anzuerkennen, ist die Geschichte vorbei. Aus. Ende.

Unsere eigene Messlatte

Eng verknüpft mit der Frage, inwieweit wir unsere eigene Leistung anerkennen, ist auch die Frage, was wir von uns selbst erwarten.
Der Schneider im Märchen hat das Jobangebot des Königs, Kommandeur der Reitertruppe zu werden, selbstbewusst angenommen. Hätten wir das Gleiche getan? Von der Schneiderin zur Kommandeurin? Oder hätten wir von uns erwartet, hierfür einen Abschluss oder zumindest mehrere Zertifikate, die unsere Leistung bescheinigen, vorweisen zu müssen? Würde es nicht auch Sinn machen, erst mal ein paar Jahre als „untere Reitertruppen-Mitarbeiterin" Erfahrungen zu sammeln, bevor wir eine Führungsposition übernehmen? Hätte der Schneider die Jobchance nicht angenommen, wäre auch hier die Geschichte zu Ende gewesen. Keine erlegten Riesen, keine Prinzessin.

Was erwarten wir von uns selbst, bevor wir eine Herausforderung annehmen? Müssen wir schon alles können oder können wir es auch lernen?
Beim Thema Bewerbungen können wir unseren Eigenanspruch wunderbar sehen. Wann bewerben wir uns auf eine Stelle? Wie viele Punkte der Anforderungsbeschreibung müssen wir erfüllen, bevor wir uns bewerben? Reichen 5 von 10 oder doch lieber 9 von 10? Einer Untersuchung zufolge bewerben sich Frauen erst, wenn sie nahezu alle Anforderungen erfüllen, Männer bereits, wenn rund die Hälfte passt.[2]

Was steht bei uns im Vordergrund: die Erwartungen anderer zu erfüllen oder die Chance auf eine interessante Position? Was ist das Schlimmste, was passieren kann, wenn wir uns für eine Stelle bewerben, die nach unserer Einschätzung „eigentlich eine Nummer zu groß" für uns ist?
Der oder die Personalverantwortliche sortiert unsere Bewerbung aus. Mehr nicht. Wer nichts wagt, kann nicht gewinnen. Ein besserer Gedankengang wäre folgender: „Wenn ich schon alles könnte, was gefordert wird, dann stellt der Job doch gar keine Herausforderung für mich da. Wenn ich alles

dafür benötigte kann, werde ich an dieser Stelle nicht mehr wachsen." In einem meiner Workshops erklärte eine augenscheinlich toughe Frau Mitte 20, dass sie gerade ihr Agrar-Studium beendet, sich bewirbt und schon zu mehreren Vorstellungsgesprächen eingeladen wurde. Wenn sie dann im Bewerbungsgespräch sitzt, denke sie: „Bitte, bitte nimm mich – ich würde dich dafür auch bezahlen". Sie war so darauf fokussiert, was sie nicht kann, dass sie es nicht schaffte, das, was sie gut konnte, entsprechend darzustellen.

Nicht nur beim Thema Bewerbungen haben wir oft einen sehr hohen Anspruch gegenüber uns selbst. In einem Gespräch mit einem erfolgreichen Geschäftsführer fragte ich ihn, was sein Tipp für Frauen ist, die Karriere machen wollen. Er antwortete, sie sollten aufhören immer zu meinen, sie müssen alles selbst können. Er beschrieb, dass die meisten Männer hier viel strategischer vorgehen. Sie überlegen, worin sie gut sind und suchen sich für die anderen Bereiche jemanden, der ihre Defizite ausgleicht. Wie wichtig dies ist, bestätigte auch eine Unternehmerin, die ein erfolgreiches Business in Osteuropa führt.
Sie beschrieb, dass sie lange Zeit den Anspruch hatte, alles in ihrem Unternehmen verstehen zu wollen. Folge war, dass sie total überarbeitet war und ihr Unternehmen nicht wachsen konnte, denn sie war der Flaschenhals. Erst als sie ihren eigenen Anspruch herunterschraubte und aufhörte, alles verstehen zu wollen, verzeichnete ihr Unternehmen ein starkes Wachstum und wurde noch erfolgreicher.

Nach einer Übung stand eine Workshopteilnehmerin mit Tränen in den Augen vor mir und sagte, ihr ist jetzt klar geworden, wo ihr Problem liegt. Die Betriebswirtin reflektierte für sich, sie sei bei allem die „Spinne im Netz", was sie enorm unter Druck setzte. Als ich sie ein paar Monate später wieder sah, berichtete sie, wie sie ihre Tätigkeiten / ihr Leben umstrukturiert hat und wie toll es sich anfühlt, nicht mehr alles allein schaffen zu wollen.

Nicht, dass es hier falsch rüberkommt: Einen hohen Anspruch sich selbst gegenüber zu haben, ist durchaus etwas Positives. Doch wir sollten uns von Zeit zu Zeit die Frage stellen, ob uns dieser Anspruch in manchen Dingen nicht blockiert. Insbesondere in der zunehmend dynamischeren und komplexeren Welt können wir nicht alles bis ins Detail verstehen. Wichtig ist nicht, dass wir alles können, sondern, dass wir uns zutrauen, auch Aufgaben umzusetzen, bei denen wir aktuell noch nicht wissen, wie wir sie lösen sollen. Wunderbar erkennen kann man diese Einstellung z. B. bei Unternehmensberatern. Ich habe einige Jahre als Unternehmensberaterin gearbeitet (meist als einzige Beraterin unter Männern). Mich hat es immer wieder fasziniert, wie mein Chef Dinge zusagte, bei denen er, wie ich auf Nachfrage herausfand, keine Ahnung hatte, wie wir sie lösen sollen.

Ehrlich gesagt, dachte ich anfangs immer: „Du Hochstapler". Mit der Zeit verstand ich jedoch, dass es in dem Bereich, in dem wir unterwegs waren, gar nicht möglich war, alles zu verstehen. Geschweige denn für alles eine Lösung zu haben. Niemand kann gleichzeitig Experte für Produktion, Marketing, Personal, Finanzen, Vertrieb usw. sein. Es ging viel mehr darum, dem Kunden das Gefühl zu geben, dass wir sein Problem lösen werden und dies dann auch zu tun. Dafür braucht man Selbstvertrauen. Und zwar eine Menge!

Selbstbewusst Aufgaben annehmen

Eines sehe ich bei vielen Frauen (und oftmals immer noch bei mir selbst): Bevor wir eine Aufgabe annehmen, durchdenken wir diese und wollen am liebsten schon eine konkrete Lösungsidee haben. In der Zeit, wo wir noch überlegen, sagen andere schon zu. Sie haben das Selbstvertrauen, das sie schon eine Lösung finden werden. Und so bekommen sie auch den Auftrag.
Eine Frau Mitte 50 erzählte mir, jüngere männliche Kollegen nahmen oft einfach Aufgaben an, kamen dann nicht weiter und fragten sie. Sie erledigte den Großteil der Aufgabe, die Anerkennung bekamen jedoch trotzdem ihre Kollegen. Wir können uns jetzt darüber ärgern und die offensichtliche Ungerechtigkeit benennen, doch hart ausgedrückt: Welchen Kunden oder welche Führungskraft interessiert das? Sie interessiert, dass eine Lösung gefunden wird. Und wenn es für die Lösung notwendig ist, andere Leute einzubeziehen, ist das völlig in Ordnung. Damit meine ich ausdrücklich nicht: „Nimm erst mal alle Aufgaben an, lass sie dann andere machen und kassiere das Lob." Alles womit wir uns sehr unwohl fühlen, ist schon mal nicht die Lösung.

Die Lösung kann jedoch sein, dass wir Aufgaben, die wir uns grundsätzlich zutrauen, annehmen, ohne den Anspruch nach einer konkreten Lösungsidee zu haben. Wenn wir uns dann von anderen helfen lassen, ist das ok. Wir können die anschließende Anerkennung mit ihnen teilen – ohne unsere eigene Leistung herunterzuspielen.

Ein sehr anschauliches Beispiel für „Selbstbewusst zusagen, ohne den Lösungsweg zu kennen“ war für mich das Gespräch mit einer Führungskraft aus dem Anlagenbau. Wir unterhielten uns nett. Ich erzählte, dass ich im Schützenverein und vor kurzem Königin geworden bin. Der Mann Mitte/Ende 30 erzählte mir, er wird dieses Jahr Bürgerkönig (in manchen Orten wird unter Menschen, die nicht im Schützenverein sind, ein König [=Bürgerkönig] ausgeschossen). Im Laufe des Gesprächs fragte er mich „Frau Tiedemann, sagen Sie mal, auf was schießt man da eigentlich?“. Ich guckte ihn mit großen Augen an und sagte: „Sie erzählen mir, dass Sie Bürgerkönig werden, wissen jedoch nicht, auf was man schießt?“. Daraufhin erklärte er in absoluter Gelassenheit, dass er ja beim Bund gewesen sei und es ja so schwer nicht sein könne. Wann sagt eine Frau, dass sie Schützenkönigin wird? Richtig, wenn sie‘s ist. Selbst wenn sie von 50 Ringen 50 geschossen hat plus eine Blattl-10, könnte es ja sein, dass noch jemand eine bessere Blattl-10 hat. Wie peinlich wäre das denn, wenn man sagte, man wird Königin und dann klappt‘s doch nicht? So denken wir Frauen: „Vor der Proklamation/Krönung besser den Ball flach halten.“

Die Angst vorm Auffliegen

Wenn Menschen von sich überzeugt sind und es schaffen, dies nach außen hin auszustrahlen, hinterfragt sie oftmals niemand mehr. Bei einem Assessment Center bekamen alle Bewerber die Aufgabe, sich innerhalb von 5 Minuten selbst darzustellen. Also versuchte jeder, der Jury zu vermitteln: „Ich bin der/die Beste für den Job.“
Ein junger Mann erzählte, er hat schon Brunnenbau in Afrika betrieben. Ich dachte: „Wow, was der alles können muss.“ In der Pause sprach ich ihn an, ob er mir dazu ein bisschen mehr erzählen könne. Es stellte sich raus, dass es sich um ein deutsches Spendensammel-Schulprojekt handelte. Da das Schuljahr bei Projektabschluss bereits zu Ende war,

flogen er und ein Freund nach Afrika und machten noch ein paar schöne Fotos. Aber hey, er hat Brunnenbau in Afrika betrieben.

Jetzt könnten wir denken, dass es doch irgendwie peinlich ist, wenn so etwas auffliegt. Ich scherze oft: „Hochstapeln ist bei Frauen die Angst enttarnt zu werden und bei Männern ein Hobby“.

Die Frage ist, was macht dieses Auffliegen mit unserem Selbstvertrauen? Wenn ich es als „ich wurde enttarnt und als Hochstaplerin entlarvt“ empfinde, senkt es mein Selbstvertrauen. Nicht ratsam es dann zu tun. Ich sehe bei vielen Männern, dass es gar nicht an ihrem Selbstvertrauen nagt. Es wird mehr als Pokerspiel gesehen. Auffliegen gehört dazu. Das bedeutet nicht, wir sollten ab heute möglichst dick auftragen oder sogar anfangen zu lügen. Wir dürfen uns allerdings bewusst machen, dass wir bei Aufgaben, die wir können, mit einem fantastischen Selbstvertrauen auftreten dürfen, können und sollten. Stell dir mal vor, du bist für einen Job top-qualifiziert und dann kommt ein Typ Marke „Brunnenbauer“ und überzeugt die Entscheider/-innen. Du kannst den Job, er kriegt ihn.

Abschließend noch ein Zitat eines befreundeten Bundestagsabgeordneten, als wir uns zum Thema „Frauen in Führungspositionen“ unterhalten haben. Er meinte zu mir: „Janina, bevor eine Frau sagt, sie beherrscht das 1 × 1 muss sie bis 1 Mio. rechnen können. Ein Mann sagt, 1 + 1 = 3. Passt. Kann ich.“

Fazit:

Wenn die Schneiderin erfolgreich sein möchte, sollte sie ihre eigenen Leistungen anerkennen und ihre Erfolge auch als solche wahrnehmen. Zudem sollte sie ihre eigene Messlatte etwas runter und ihr Selbstvertrauen hochschrauben.

Wenn du dies umsetzen möchtest, lade ich dich herzlich zu einem meiner Workshops oder in meine Onlineakademie ein. Hier erfährst du u. a. auch, wie (männliche) Machtkulturen funktionieren und wie du es schaffst, deine eigene Leistung nach außen hin darzustellen.

Ob in Unternehmen, Verbänden oder Politik – wir brauchen starke Frauen in verantwortungsvollen Positionen – packen wir's an!

Janina Tiedemann

www.janinatiedemann.de

Wer schreibt hier:

Janina Tiedemann ist Strategieberaterin in einem DAX30-Konzern sowie selbstständige Trainerin, Speakerin und Moderatorin. Die ehemalige Unternehmensberaterin für KMUs hat ihre Leidenschaft für verantwortungsvolle Positionen und der damit verbundenen Gestaltungsmacht im Ehrenamt entdeckt. Ihre Zeit als Landesvorsitzende eines Verbandes mit rund 10.000 Mitgliedern war hierbei prägend. Heute stärkt sie Frauen für berufliche, verbandliche und politische Führungspositionen.

[1] Mentoring als gendergerechte Personalentwicklung: Wirksamkeit und Grenzen eines Programms in den Ingenieurwissenschaften.
Bahar Haghanipour, 15. August 2013, Springer-Verlag

[2] The Confidence Code: The Science and Art of Self-Assurance -What Women Should Know, Katty Kay, Claire Shipman, 2014

Deine Persönlichkeit zählt

Du bist die Marke

Autorin: Petra Polk
www.petrapolk.com

Erfolg hat viele Gesichter und Perspektiven. Aus meiner Sicht zählt für deinen Erfolg zu 7 Prozent dein Wissen, zu 38 Prozent deine Persönlichkeit und zu 55 Prozent dein Netzwerk. Eine erfolgreiche Marke aufzubauen und sichtbar zu machen, ist ein Prozess von etwa zwei bis fünf Jahren, und hört niemals auf. Denn der Markenausbau hängt mit deiner Persönlichkeitsentwicklung zusammen.

Wer schreibt hier?

Ich bin Petra Polk und mich begleitet das Thema Marke persönlich schon über 10 Jahre. Als wir 2010 mit meinem Netzwerk W.I.N Women in Network® gestartet sind, habe ich immer gesagt: „Ich möchte, dass unsere Community so bekannt wird wie Coca-Cola." Denn jeder auf der Welt weiß, dass deren Dosen rot sind und dass es kein Waschmittel, sondern ein Getränk ist. 2011 haben wir beim Patentamt die Wort- und Bildmarke für W.I.N angemeldet und seitdem daran gearbeitet, die Marke auszubauen und bekannter zu machen. 2012 kam für mich die Erkenntnis, eine Unternehmensmarke reicht mir nicht, ich möchte noch eine Personenmarke für Petra Polk aufbauen, denn ich bin nicht W.I.N – ich bin die Gründerin und Managerin und identifiziere mich damit, doch ich bin Petra Polk. So begann ich 2012 parallel die Personenmarke Petra Polk aufzubauen. 2013 habe ich mir den ersten pinken Gehrock gekauft, mein Logo wurde kreiert und Step by Step kamen weitere Details dazu. Heute 7 Jahre später wird pink mit Petra Polk in Verbindung gebracht. Ok, noch nicht auf der ganzen Welt, so wie Coca-Cola, doch wir arbeiten täglich dran.
Oft wurde ich gefragt: „Warum zwei Marken? Warum trennst du das?" Heute kann ich dir sagen warum: Ich bin Visionärin und Strategin mit Weitblick.

Ein Grund von vielen ist, dass eine Marke die andere trägt. Ohne W.I.N Women in Network® würde die Marke Petra Polk nicht so bekannt sein, wie mit. Und ohne die Marke Petra Polk wäre W.I.N schon so einige Male in Schieflage gekommen.

So baust du dich als Marke auf

Ich lade dich ein, beginne jetzt, dich selber als einzigartige unverwechselbare Marke aufzubauen. Deine Persönlichkeit ist dabei der wichtigste Schlüssel. Denn ob du mehr oder weniger erfolgreich bist, hängt einzig und allein von dir ab. Du bist die wichtigste Person in deinem Unternehmen.
Alles, was du benötigst, ist schon in dir. Du bist so gut, wie du bist. Bring jetzt deine PS auf die Straße. Eine Marke benötigt einen starken Kern und die Verpackung macht sie einzigartig und im außen sichtbar. Wenn du wissen möchtest, wie du zu einer unverwechselbaren Marke wirst und wie dann die richtigen Menschen von dir erfahren, dann lese jetzt dieses Kapitel und beginne sofort mit der Umsetzung.

Deine Person – DU bist EINZIGARTIG

Deine einzigartige Persönlichkeit zählt zu 38 Prozent für deinen Erfolg. Schaffe dir also KLARHEIT zu deiner Persönlichkeit.
Nimm dir jetzt Zeit und beschäftige dich mit diesen Fragen:

- Was macht deine Person einzigartig?
- Was zeichnet deine Persönlichkeit aus?
- Was sind deine Stärken?
- Was sind deine Schwächen?
- Was schätzen andere an dir?
- Was schätzt du selbst an dir?
- Was sind deine 10 wichtigsten Werte?
- Was sind deine 3 wichtigsten Werte? (Diese benötigst du später beim „Markenei“)

Beginne jetzt sofort dir dazu intensiv Gedanken zu machen und notiere es direkt hier.

„Marken haben Ecken und Kanten, nur Nullen sind rund“

Aus der Arbeit mit meinen Kundinnen weiß ich, dass es für viele Frauen sehr schwer ist, diese Fragen tatsächlich selbst zu beantworten. Gerade Frauen scheinen ihre Schwächen besser zu kennen als ihre Stärken.

Das kannst du tun, um für dich herauszufinden:

- Sei wirklich ehrlich zu dir.
- Nimm dir Zeit für die Antworten.
- Nimm dir Sparringspartnerinnen.
- Setze dich mit einer Freundin zusammen, vorausgesetzt sie traut sich ehrlich mit dir das Thema zu bearbeiten.
- Nimm dir einen Coach an deine Seite.
- Werde Teil einer Mastermind-Gruppe.

Deine einzigartige Persönlichkeit macht dich mit und in deinem Business unvergleichbar, denn es gibt keine zweite Person, die genau so wie du ist. Du machst dich damit konkurrenzlos und wirst dich sowohl beim Networking, bei Kooperationen und Projekten um ein Vielfaches leichter tun, da du dann von deiner Einzigartigkeit überzeugt bist. Das mag dir vielleicht arrogant oder egoistisch klingen, doch so ist es und so darf es sein. Wenn das jede Unternehmerin für sich erkennt, gibt es keinen „Zickenkrieg" mehr und Neid und Missgunst sind dann „Schnee von gestern". Wenn alle ihre Einzigartigkeit kennen, sind sich alle ihrer selbst bewusst.

Dein Mindset zählt

„Das Match wird zwischen den Ohren entschieden", hat schon Boris Becker gesagt.
Vertraue dir, aber verbiege dich nicht für andere, denn genau so, wie du bist, bist du gut. Bleib, wie du bist. Bringe dir mehr Selbstvertrauen und Wertschätzung entgegen. Alles, was du dir heute vorstellen kannst, ist möglich. Deine Gedanken werden wahr. Du hast alles selbst in der Hand. Steh dir mit deinem Perfektionismus nicht ständig selbst im Weg. Ein hoher Anspruch an dich ist gut, doch er darf nicht so hoch sein, dass er dich am Erfolg behindert. Sei dir bewusst, du kannst es niemals allen recht machen. Wenn du von allen geliebt werden möchtest, wirst du nie eine unverwechselbare Marke. Denn Marken polarisieren. Sie haben Fans und Kritiker.

Wichtig ist, dass du dir dessen bewusst bist, denn je sichtbarer du als unverwechselbare Marke wirst, desto angreifbarer wirst du. Sichtbarkeit und Einzigartigkeit benötigt Mut, es auszuhalten, dass du nicht von allen geliebt wirst. Dazu gehört Mut, Weitblick, Offenheit und Durchhaltevermögen. Und damit du diese Herausforderungen durchstehst, brauchst du dein starkes WARUM, das wirkt immer als dein Motivator.

Kennst du dein WARUM?

Warum tust du, was du tust? Stell dir immer wieder diese Frage und hinterfrage dein Warum bis in die Tiefe. Denn ein oberflächliches Warum ist zu schwach, um in herausfordernden Zeiten durchzuhalten. Dein starkes WARUM ist dein Motor und Motivator.

Zum Mindset gehört für mich auch, dass du dir klarmachst:

- Was du willst.
- Was du nicht willst.

Denn nur mit klarer Ausrichtung kannst du dich abgrenzen und deine Ziele erreichen. Spring nicht auf jeden Zug auf. Erfolgreiche Menschen sind keine Jasager. Lerne dich abzugrenzen, einfach auch Nein zu sagen.

Jedes Nein zu anderen ist ein Ja zu dir. Übrigens: Es wird immer jemanden geben, der sagt: „Das wird eh nix." Lass dich nicht davon runterziehen. Umgib dich ausschließlich mit Menschen, die dir guttun.

Und lass die anderen reden, geh mutig deinen Weg!

Deine Positionierung

„Du bist die Expertin für ..."
So lange du nicht diese Frage in einem Satz zu beantworten kannst, empfehle ich dir, noch genauer herauszufinden, wofür du wirklich die einzigartige Expertin bist.

Wie du deine klare Positionierung findest?

- Was kannst du besonders gut?
- Welche besonderen Erfahrungen hast du?
- Was ist dein USP (Alleinstellungsmerkmal)?
- Was macht dich zur Expertin?
- Zu welchem Thema möchtest du die Nr. 1 deiner Branche sein?
- Welche Lösung bringst du deinen Kunden?

Werde die „Kanzlerin" deiner Branche.

Deine Zielgruppe

„Wer alle will, bekommt keinen."
Aus meiner Sicht ist die Definition der Zielgruppe die wichtigste Stellschraube für deinen Businesserfolg, und auch für den Aufbau deiner Marke. Denn du musst ganz klar festlegen, welche Zielgruppe deine Marke kennen soll. Je breiter deine Zielgruppe, desto schwieriger erreichst du sie. Ich empfehle dir, deine Zielgruppe ganz spitz zu machen. Sie muss in eine Espressotasse passen, wenn sie dafür zu groß ist, hast du Optimierungsbedarf.
Aus zahlreichen Beratungen ist mir bekannt, dass die meisten Angst haben, sich spitz zu positionieren: Sie meinen, etwas zu verlieren. Doch bei deinen gesamten Aktivitäten bringt eine spitze Zielgruppe mehr Leichtigkeit und bessere Ergebnisse. Wenn du vertraust, dass für alle genug da ist, wirst du in kurzer Zeit bemerken: Ja, es stimmt.
Um deine genaue Zielgruppe herauszufinden, solltest du dir folgende Fragen stellen:

Zielgruppendefinition

- Was ist der Engpass deiner Zielgruppe?

- Für wen bist du die Problemlöserin?

- Mit wem möchtest du gerne arbeiten?

....

....

Zielgruppenfindung

Überlege nun, wo findest du deine Zielgruppe?

- In welchen sozialen Medien?
- Bei welchen Events?
- Bei welchen Messen und Kongressen?
- In welchen Netzwerkorganisationen?
- Wer hat auch deine Zielgruppe, dass können deine Multiplikatoren und Kooperationspartner sein?

Weniger kann in dem Fall mehr sein.

Dein Netzwerk

„Du bist der Durchschnitt der 5 Menschen, mit denen du die meiste Zeit verbringst", sagt Jim Rohn. Aus dem Grund sorge dafür, dass du dich mit Menschen umgibst, die dir guttun. Dein ganz persönliches Umfeld wird einen großen Einfluss auf deinen Erfolg haben.
Umgib dich mit Menschen, die schon das erreicht haben, was du möchtest. Die an dich glauben und die gleichen Ziele und Visionen haben wie du.
Dein Netzwerk entscheidet mehr über deinen Erfolg, wie dein Wissen! Ist dir das bewusst? Ich erlebe seit Jahren, dass Unternehmerinnen viel mehr Zeit in Ausbildungen, Weiterbildungen, Studien und Kurse investieren als in die Netzwerkarbeit. Meist wird Networking ganz hinten angestellt.

Ich empfehle dir, ändere das jetzt sofort. Plane feste Zeitfenster für deine online und offline Netzwerkaktivitäten ein.

Meine Empfehlung für dich:

- Knüpfe täglich mindestens einen neuen Kontakt.
- Baue eine Beziehung auf, denn Networking braucht Vertrauen.
- Spreche deinem Netzwerk großzügig Empfehlungen aus.
- Werde eine gute Zuhörerin, damit du hörst, welche Empfehlungen andere benötigen und was du für dein Netzwerk tun kannst.
- Erzähle deinem Netzwerk, was es für dich tun kann. Welche Empfehlungen du benötigst, wie es dich unterstützen kann.
- Pflege dein Netzwerk, bleib mit ihm in ständigem Kontakt.
- Vernetze dich ohne Wertung, ohne Erwartung, doch nicht ohne Ziele.
- Lege für deine Netzwerkaktivitäten Ziele fest.
- Trenne dich von Netzwerkkontakten, die dir nicht guttun.
- Deine Empfehlungsgeber sind dein Kapital, denn einmal Empfehlungsgeber, immer Empfehlungsgeber. Du wirst von 20 Prozent deiner Kontakte, 80 Prozent deiner Empfehlungen bekommen.
- Mach deine offline Kontakte zu online Kontakten, denn so könnt ihr besser in Kontakt bleiben.
- Mach deine Online-Kontakte zu persönlichen, denn persönlich ist einfach persönlicher.
- Dein Netzwerk ist dein Markenbotschafter.
  Mit echten Fans kannst du deine Marke mit Freude und Leichtigkeit auf- und ausbauen.
  Deine „Superfans“ sorgen für den Bekanntheitsgrad deiner Marke und sind für neue Kontakte ein Vertrauensvorschuss für dich.

Zu deinem Netzwerk gehört auch:
Baue dir ein Team an Mitarbeitern, Kooperations- und Projektpartnern und Multiplikatoren auf. Denn Wachstum geht nur gemeinsam.

„Wer allein arbeitet, addiert.
Nur gemeinsam kannst du multiplizieren."

Deine Kommunikation

„Du kannst nicht, nicht kommunizieren",
sagt Paul Watzlawick.

Wenn du das lebst, wird dir bewusst werden, dass du täglich online und offline wirkst mit

- deiner Körpersprache,
- deinen Fotos,
- deiner Kleidung,
- deiner Stimme,
- deinen Worten,
- deiner Schrift und
- deinem Auftritt.

Wenn du eine Marke aufbauen möchtest, empfehle ich dir, dass die Werte deiner Marke in allen Bereichen wieder gespiegelt werden. Das Gesamtbild muss stimmig sein.

Dazu gehören professionelle Fotos, die zu dir und deinem Business passen und aktuell sind, deine Kleidung muss zur Wertigkeit deiner Marke passen, aber auch zu deiner Branche. So braucht zum Beispiel die Yogalehrerin nicht im Kostüm zu sehen sein, die Finanzberaterin schon. „Kleider machen Leute", trifft es auf den Punkt.

Jedes kleinste Detail
brandet deine Marke.

Dein Marketing

„Wer nicht auffällt, fällt weg."
Nutze viele verschiedene Möglichkeiten des Marketings. Ich selbst mag die Vielfalt des Online-Marketings, Präsenzmarketings, Printmarketings, Messemarketings und nutze seit Jahren meinen persönlichen Marketingmix aus 30 verschiedenen Möglichkeiten. Du kannst dazu gern mit diesem Code das E-Book „99 Erfolgstipps,-die du als Unternehmerin direkt umsetzten kannst" anfordern.

Mach dich mit deiner Marke sichtbar, denn von Bekanntheitsgrad wird auf Expertenstatus geschlossen. Deine online und offline Präsenz schafft Sichtbarkeit. Wenn du in deinem Marketing hochwertigen Content bietest, erkennen deine Follower und Fans deinen Expertenstatus und du baust damit Vertrauen auf. Du kannst diesen über die vielen unterschiedlichen Formen anbieten. Das können dein Blog, dein Podcast, deine Videos, deine Social Media Beiträge, deine Bücher und E-Books sein.

Deine professionelle Webseite ist deine virtuelle Visitenkarte und sollte eine Einheit mit allen anderen Aktivitäten abbilden. Dazu gehören unter anderem deine Print-Visitenkarte, deine E-Mail-Adresse mit deiner Domain und viele kleine weitere Puzzlesteine.

Jeden Tag bieten sich dir zahlreiche Bühnen, als Expertin noch sichtbarer zu werden. Das kann ein Kommentar in den sozialen Medien sein, dein Elevator Pitch beim nächsten Netzwerkevent, oder die große Bühne online und offline. Wichtig ist: nutze alle Chancen einer Bühne, schaffe dir eigene Bühnen. Mit „Bühne" meine ich nicht nur die 6 × 3 Meter und 60 cm hohe Bühne auf einem Event, sondern jedes Webinar, jedes Interview, jeden Pressebeitrag, das Wort, das du bei einer Podiumsdiskussion ergreifst.

Klappern gehört zum Handwerk.

Dein Zeitmanagement

„Du wirst nie genügend Zeit haben."
Macher haben sehr kleine To-do-Listen. Warum das so ist? Sie sammeln nicht tausende To-do's, sondern gehen sofort in die Umsetzung. Der Erfolg liegt nicht im Wissen, was zu tun ist, sondern im Tun. Erfolgreiche Menschen arbeiten sehr ziel- und ergebnisorientiert.

Damit du das auch schaffst: Frage dich beim Auf- und Ausbau deiner Marke immer: „Was brauche ich jetzt für den nächsten Schritt?"

Diese Fokussierung auf den nächsten Schritt wird dich auch dazu befähigen, Wichtiges von Unwichtigem zu trennen. Klarheit und Fokus werden dir immer die nötige Zeit für das Wichtigste geben. Lerne, Unwichtiges von Wichtigem zu trennen, und handele danach.

Finde einen Weg, deine Zeit zu managen. Schaffe Struktur für deine Arbeit und lernen zu delegieren. Du musst nicht alles können, du musst nur wissen, wer dich dabei unterstützen kann.

Dein Fokus bestimmt deine Zeit.

Deine Investition

Die wichtigste Investition, ist die in dich selbst. Investiere jedoch nicht nur in Fachwissen, neue Methoden, die du erlernst, sondern auch in Persönlichkeitsentwicklung, in deine Netzwerkaktivitäten und in dein einzigartiges Marketing für dich und dein Business.

Dabei spreche ich sowohl von Zeit, als auch von Geld. Sei bereit, mindestens 30 Prozent deines Gewinns immer wieder in dich und dein Unternehmen zu investieren. Markenbranding hört nie auf. Du veränderst dich, so darf und muss sich auch dein Marketing verändern und dein Markenbranding anpassen.

Sei es dir wert.

Dein Weg zur starken Marke

Starke Marken ...

- geben dir ein gutes Gefühl,
- wecken Begehrlichkeit,
- kennt man,
- ziehen dich an,
- bewirken, dass du Wege in Kauf nimmst,
- machen dich happy,
- geben dir Orientierung,
- setzen einen Anker,
- sind relevant.

Brande deine starke Marke

- Positionieren – Schärfe deine Positionierung. Jeder muss wissen, für welches Thema oder Produkt du stehst.

- Profitieren – Biete großzügig Mehrwert, daran wird die Kompetenz deiner Marke erkannt.

- Differenzieren – Sei einzigartig mit deiner Person und deinem Business.

- Polarisieren – Marken polarisieren. Sie schwimmen nicht mit dem Strom.

Mach deine Marke sichtbar

Die Basis für deine Marke legt deine persönliche einzigartige Qualität, dabei zählen

- zu 7 % was du sagst – Inhalt, Wissen, Kompetenz,
- zu 38 % wie du es sagst – Stimme, Kommunikation und zu 55 % die Verpackung deiner Marke – Logo, Farben, Schrift.

Wie kannst du deine Marke entwickeln und sichtbar machen?

Markendreieck

- USP (Alleinstellungsmerkmal) – klar herausstellen
- Wettbewerbsvorsprung – den du oder dein Produkt haben
- Mehrwert – den du bietest oder dein Produkt bietet

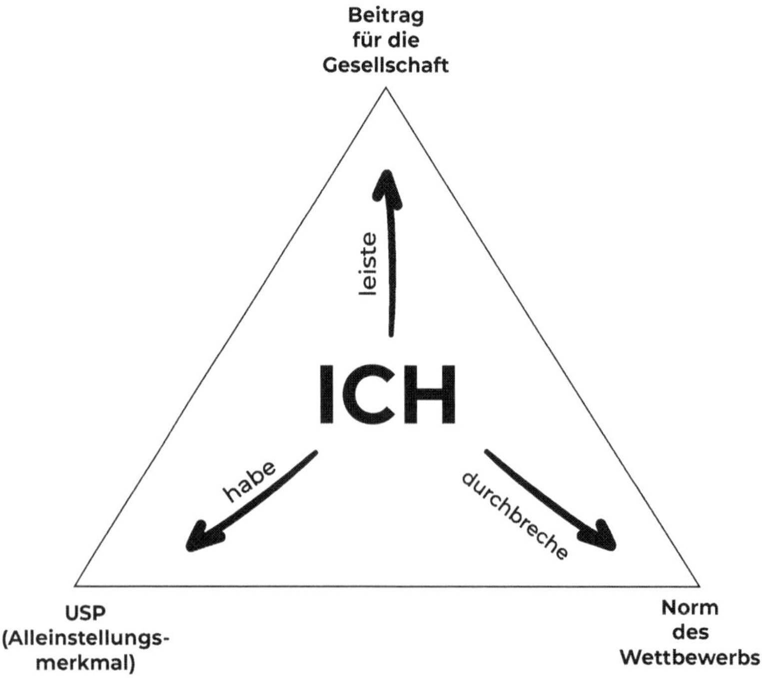

Markenei

Zeichnet sich in seiner Einfachheit aus.

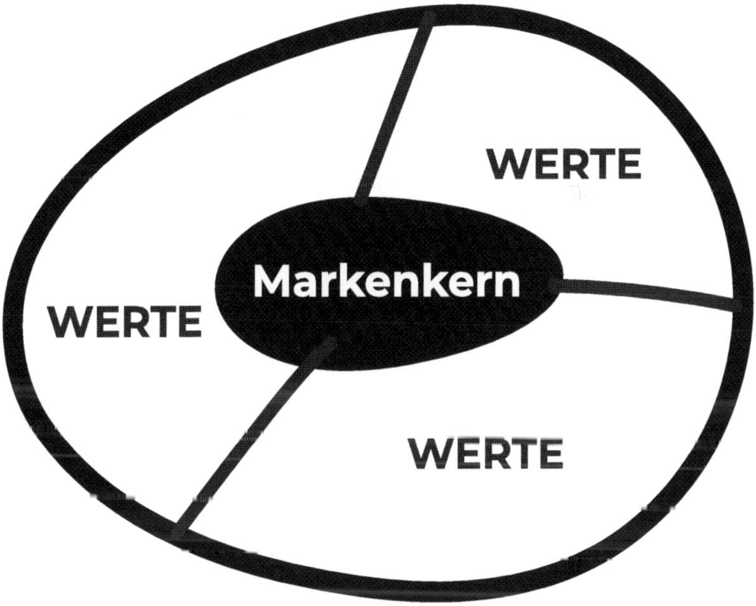

In der Mitte des Markeneis steht der ultimative Kundennutzen.

- Was soll in uns ausgelöst werden, wenn wir an deine Marke denken?

Außen herum stehen deine 3 wichtigsten Markenwerte. Sie nähren den Markenkern und bauen Vertrauen zur Marke auf.

Deine Marken Erfolgsfaktoren

- **Einzigartigkeit –**
  schaffe deine unverwechselbare Marke.

- **Authentisch –**
  Marken sind echt und individuell.

- **Qualität –**
  liefere dauerhaft Qualität ab.
  Verspreche nichts, was du nicht halten kannst.

- **Mitbewerber –**
  kenne ihn, damit du die Besonderheit deiner Marke deutlich machen kannst.

- **Relevanz –**
  stifte für die Gesellschaft Mehrwert.

- **Wiedererkennung –**
  schaffe einen starken Anker.

- **Bekanntheitsgrad –**
  Marken kennt man, sie sind sehr präsent.

- **Fokus –**
  erleichtert dir dein Zeitmanagement und das Dranbleiben.

- **Nachhaltigkeit –**
  brande kontinuierlich deine Marke weiter.

- **Netzwerk –**
  dein Netzwerk entscheidet über den Erfolg deiner Marke.

Mein Weg zur Marke

Wie ich es geschafft habe, meine persönliche Marke aufzubauen? Mein Weg muss nicht dein Weg sein, doch du kannst dir Inspiration holen.

Ich erzähle dir meine 7 wichtigsten Punkte, die mich zu dem gemacht haben, was ich heute bin. Der Weg geht allerdings immer weiter und ich freue mich schon auf das, was alles kommt.

Netzwerk

Seit 2004 habe ich ganz aktiv und strategisch mein ganz persönliches Netzwerk online und offline ausgebaut. Offline habe ich jede Woche zahlreiche Events aller Art besucht, ohne zu hinterfragen: „Was bringt es mir?“ Ganz unter dem Motto sehen und gesehen werden. Ich sehe es als Sport. Dabei stehen meine Netzwerkaktivitäten vor allem unter der Devise kontinuierlich dran bleiben, nicht immer im gleichen Teich fischen und Kontaktpflege danach. Diese hohe online und offline Präsenz hat dazu beigetragen, dass man mich kennt.

Online habe ich durch den Ausbau meiner Kontakte, Fans und Follower in den letzten 13 Jahren stetig ausgebaut, sodass ich heute über 77.000 Social Media Kontakte habe und eine große Reichweite weit über meine Zielgruppe hinaus.
Zu meinen Netzwerkaktivitäten gehören ebenfalls Kontakte zu Medien, Kooperationspartnern, Multiplikatoren und Influencern.

Erhöhe auch du deine online und offline Präsenz!

Branding

Seit 10 Jahren lege ich sehr viel Wert auf die Verpackung meiner Marke. Dazu gehört mein Logo, das es einfach auf den Punkt bringt, was mich ausmacht, mein Slogan, meine Farbgestaltung, meine Printmaterialien in einem einheitlichem Corporate Design. Von der Webseite bis zur Kleidung zieht sich das Branding einheitlich durch. Sogar die Verlage meiner Bücher haben es exzellent auf den Covern umgesetzt. Jeder kleine Puzzlestein hat dazu beigetragen.

*Finde deinen Stil für dein Markenbranding
und lebe es dann täglich!*

Content – Content is King

Ich stehe dafür, dass ich meinen Content großzügig in verschiedenen Formaten teile. Das wichtigste Content-Instrument sind meine Bücher und Buchprojekte, wo ich als Co-Autorin dabei bin. Über 70 Presse- und Medienbeiträge und 250 Blogbeiträge sprechen für sich. Ich empfehle dir: Habe keine Angst zu viel Wissen preiszugeben, denn nur so wirst du zur Expertin.

Teile dein Wissen großzügig!

Eigenmarketing

Zeig dich authentisch und deine Fans werden dich lieben. **„Wen oder was verkaufst du zuerst?“**, war die Frage 1990 bei meinem Bewerbungsgespräch für den ersten Job im Vertrieb. Natürlich habe ich damals nicht richtig geantwortet.

Heute, 30 Jahre später, ist mir klar, meine Kunden kaufen nicht meine Dienstleistung, mein Produkt oder meinen Vortrag, sondern mich. Wenn du dir das immer wieder bewusst machst und deine einzigartige Persönlichkeit authentisch zeigst, dann wirst du deine Kunden mit Leichtigkeit anziehen.

Du siehst, Verkaufen und Eigenmarketing liegen sehr eng beieinander. Im optimalen Fall wirst du gekauft. Das bedeutet für dich: Bring in deinem Marketing deine Person ins Spiel.

Meine persönliche Strategie ist ein Buffet an vielen verschiedenen Produkten und Dienstleistungen, sodass meine Kundinnen wählen können, was zu ihnen passt.

Echte Superfans kaufen mehrere Produkte und Dienstleistungen.

Drei Tipps für dich zum Verkaufen:

- Zeige echtes Interesse für deinen Kunden, kenne seinen Engpass, ermittele den Bedarf und präsentiere ihm, wie du ihn zur Lösung führen kannst.

- Biete ihm 3 verschiedene Möglichkeiten der Zusammenarbeit an. So kann er wählen.

- Nach der Abschlussfrage warte ruhig ab und atme. Zerrede nicht den Verkaufsabschluss.

Lerne, Verkaufen zu lieben.

Vision

Ich habe eine große Vision: „Alle Frauen der Welt zu verbinden und sie auf ihrem Erfolgsweg zu unterstützen."
Das ist mein WARUM, was mich täglich antreibt. Auf diesem Weg habe ich schon viele kleine Zwischenziele erreicht, doch ich werde den Weg ständig weiter gehen, und bin auch gerne bereit, deine Visionen Realität werden zu lassen.

Denke groß mit dem nötigen Weitblick,
und geh mutig deinen Weg!

Tun

Ich bin eine Macherin, sehr stark und schnell in der Umsetzung. Denn nur reden bringt nichts, du musst es tun. Da ich keine Perfektionistin bin, stehe ich mir nicht selbst im Weg, auch wenn ich ab und zu detailverliebt bin, was meinem Team schon mal Nerven kosten kann.

Wer viel tut, wird auch Fehler machen. Erlaube dir Fehler und lernen daraus.

TUN – heißt bei mir auch „Nicht Unnötig Trödeln".

Team

Wer allein arbeitet, addiert, wer gemeinsam arbeitet, multipliziert. Seit 12 Jahren arbeite ich mit vielen freiberuflichen Projektpartnern zusammen und habe seit 9 Jahren auch mein eigenes Team. Delegieren will gelernt sein. Wichtig dabei ist, dass du erkennst: Was kannst du besonders gut, und was nicht. Alles, was dir Kopfschmerzen bereitet, delegiere. Ich hatte 2012 meine erste Mitarbeiterin mit 10 Stunden im Monat und baute das dann Schritt für Schritt aus.

Alles beginnt mit kleinen Schritten, doch beginne jetzt!

Deine Mentorin beim Auf- und Ausbau deiner Marke

Wenn du eine Abkürzung nehmen möchtest und von meinen Erfahrungen mit dem Aufbau von zwei erfolgreichen Marken sowie von der Zusammenarbeit mit zahlreichen Kundinnen beim Markenaufbau profitieren möchtest, lass uns zusammen deine Einzigartigkeit am Markt noch sichtbarer machen.

Du bist die Marke, mache sie jetzt sichtbar.

Petra Polk

Expertin für weiblichen Erfolg im Business

Du kannst dazu gern mit diesem Code das E-Book „99 Erfolgstipps,-die du als Unternehmerin direkt umsetzten kannst“ anfordern.

www.petrapolk.com
www.petrapolk-consulting.com
Www.petrapolk-blog.com

Kontaktdaten:
info@petrapolk.com
Mobil +49 171 35 35 552

Ich bin nur eine E-Mail oder einen Anruf von dir entfernt. Alles beginnt mit dem ersten Schritt. Sei mutig und geh ihn jetzt.

Magic Money: Erfolg ist Energie

Autorin: Mandy Pohl – Magic Money Medium
www.pluspohl.com

Egal, was du geplant hast, welcher Art deine Idee oder ein Wunsch ist, für den du Erfolg möchtest – ab einem bestimmten Zeitpunkt in der Planung kommst du an den Faktor Geld. Und das ist auch der Zeitpunkt, wo du entscheidest, ob du mit deiner Unternehmung wachsen wirst oder ob du stagnierst.
In diesem Beitrag erzähle ich dir etwas über Geld, Intuition und gebe dir Tipps an die Hand, wie du deinen finanziellen Erfolg bestimmst. Wie du deine Einstellung zu Geld so veränderst, dass es leicht zu dir kommt und bleibt.

Dein finanzielles Ziel

Viele Frauen wissen überhaupt nicht, wie viel Geld sie brauchen. Und was sie damit machen möchten. Um deine Finanzen klar zu bekommen, brauchst du als aller Erstes ein Ziel für deine finanzielle Zukunft. Tatsächlich aber hat die Mehrheit aller Frauen zwar ein Ziel für ihr Business, nicht aber für ihre Finanzen. Darum frag dich, was du wirklich willst. Und warum du es möchtest. Wie sieht dein Traumleben wirklich aus? Ohne die Einflüsse von Medien, Freunden und Verwandten?

Konzentriere dich darauf und arbeite zielgerichtet.

Widerstehe dabei der Gefahr, dass du dich mit zu vielen Zielen verzettelst.

Du wünschst dir finanzielle Freiheit – doch es bleibt ewig bei einem Wunsch? Wenn zu wenig Geld vorhanden ist, dominiert das Thema in vielen Familien den Alltag. Überprüfe deine Gedanken und deine Worte zum Thema Geld.
Was sagst oder denkst du häufig? Es ist nicht genug Geld da. Dies und das kannst du dir nicht leisten. Was ist, wenn unvorhergesehene Ausgaben kommen?

Wenn du krank wirst? Wenn du deine Mitarbeiter nicht mehr bezahlen kannst? Gedanken dieser Art sitzen in den Köpfen vieler Frauen fest.

Und tatsächlich: Das Universum wird dir bei solchen Gedanken und Zweifeln immer recht geben. Es wird dein Denken widerspiegeln und bestätigen. Wenn du dir keine Fülle erlaubst oder glaubst, dass du es nur verdienst, Geld zu haben, wenn du leidest und hart dafür arbeitest, dann blockierst du dich und es wird genauso kommen, wie du dir selbst prophezeist.

Ein häufiger Grund, warum Frauen zu wenig Geld haben, sind unbewusste innere Geldgrenzen.

Wo kommen diese her?

- Eine bestimmte Summe ist im System gespeichert, mehr darf es nicht sein.
- Das Einkommen des Vaters definiert dieses oft unbewusst.
- Sie haben unterschiedliche innere emotionale Themen, die es erst zu lösen gibt. Manchmal auch mithilfe eines Coaches.
- Geld muss man als Fülle fühlen, sonst kommt weiter Mangel ins Leben.
- Sie fühlen sich schuldig (Schulden).
Die Gründe sind individuell.
- Geld ist oft auch ein Beziehungsthema.

In meinen Magic Money-Programmen begleite ich Frauen, die aus unterschiedlichen Gründen zu und mit Geld kein gutes Verhältnis haben. Erfolg steht dabei in direktem Zusammenhang mit Geld, Geldverdienen und Gesundheit. Es muss nicht unbedingt bedeuten, dass sie zu wenig verdienen. Es gibt auch Frauen, die viel verdienen, das Geld bleibt aber nicht bei ihnen. Oder sie können es nur bis zu einer gewissen Summe halten. Die Gründe, warum du dir in Sachen Geld mehr Erfolg wünscht, können vielfältig sein und bedürfen immer einer individuellen Begleitung.

Doch die Werkzeuge, die dabei zum Einsatz kommen, sind gleich. Damit dein Unternehmen funktioniert und du davon leben kannst, darfst du in erster Linie an deinen Glaubenssätzen und deinem finanziellen Bewusstsein arbeiten. Damit arbeitest du vor allem an deiner Persönlichkeit. Stück für Stück und Schritt für Schritt.

Was dir auf deinem Weg zu Erfolg hilft: Du hast deine eigene Wahrheit. Deine Intuition. Deine eigene innere Weisheit. Wenn du diese Stimme wiederfindest, breitet sich der Weg des Geldes und damit der Erfolg von selbst vor dir aus.
Du hörst diese Stimme der Intuition nicht mehr? Da bist du nicht allein, viele von uns haben verlernt, sie zu hören. Um wieder Zugang zu deiner Intuition zu bekommen, kannst du dir Fragen stellen und sie beantworten.

Schriftlich macht das ganz besonders viel Sinn. Intuition ist eine sehr leise Stimme. Du kannst sie leicht überhören im lauten Alltag. Doch mit einiger Übung wird es auch dir gelingen, deine Intuition wieder zu nutzen und ihren Impulsen zu folgen.

Lerne, dich und deine Angebote zu verkaufen

Zu den wichtigsten und bestbezahlten Eigenschaften zählen: Begeisterungsfähigkeit und die Fähigkeit, sich selbst und seine Dienstleistung zu verkaufen.
Viele Frauen sind allerdings nicht restlos von sich und ihrem Angebot überzeugt. „Ich bin noch nicht gut genug“, denken viele. Und machen den hundertsten Kurs. Doch das ist ein Ablenkungsmanöver deines inneren Wächters.
Er möchte dich sicher wissen, doch damit bleiben Geld und Erfolg häufig auch aus.

Es ist doch so: Niemand kann alles wissen. Es genügt, wenn du sehr viel mehr weißt als deine Kunden. Und wenn einmal eine Frage kommt, die du wirklich nicht weißt, sagst du das und schaust nach. Denn echte Experten wissen, wo sie nachschauen und welchen Quellen sie vertrauen.
Oder aber: Du bist tatsächlich nicht die Fachfrau auf dem Gebiet, das du anbietest. Denn du hast bei der Gründung nicht auf deine Intuition gehört. Du hast vielleicht etwas gemacht, was andere dir geraten haben.

Oder von dem du denkst, dass sich das gut verkaufen lässt. In diesem Fall darfst du nochmal genauer an deiner Positionierung arbeiten. Und dann das tun, worin du wirklich gut bist, was du mühelos kannst und was du bist.

Überprüfe im ersten Schritt, ob das,
was du gerade machst,
auch tatsächlich dem entspricht.

Danach frage dich:

- Bist du zu kritisch, was deine Verkaufsfähigkeit angeht?

Dann überprüfe doch mal, welche Glaubenssätze dahinter stecken. Vielleicht ist es das Wort „verkaufen“, das dich stört? Auch das geht vielen Frauen so. Denke auch hier um: Wir verkaufen schließlich ständig. Bewusst oder unbewusst. Eliminierst du deine blockierenden Glaubenssätze, wirst du enorm davon profitieren. Einer meiner liebsten Aussagen dazu ist: Verkaufen ist Liebe!

Wenn du Fähigkeiten oder eine Dienstleistung hast, die anderen nützt, sie gesünder oder glücklicher werden lässt und du sie nicht „verkaufst“, dann ist dies für mich ein kleines Stück unterlassene Hilfeleistung. Wie fühlt sich das an?

Du wirst sehen: Verkaufen macht Spaß! Erfolgreiche Unternehmerinnen sind in der Regel auch erfolgreiche Verkäuferinnen. Sie können andere Menschen begeistern und vor allem sind sie von ihrer Dienstleistung begeistert.

Dein Geldfluss und du

Viele Frauen möchten mit „den Gelddingen“ nichts zu tun haben. Das ist das Denken unserer Großmütter, denn über viele Jahrhunderte wurden Frauen unmündig gehalten. Zuerst sorgte der Vater für sie, dann der Ehemann.

Möchtest du in der Energie deiner Großmutter leben? Es ist deine Entscheidung!

Übernimm die volle Verantwortung für deine

- Finanzen,
- finanzielle Zukunft und
- Altersabsicherung.

Übertrage sie nicht anderen Personen oder Institutionen. Und verlasse dich schon gar nicht auf die gesetzliche Rentenversicherung. Lass nicht andere über deinen Weg bestimmen. Denn sonst lässt du sie auch über dein Ziel bestimmen.

Achte auf *deine geschäftlichen* und *deine privaten* Finanzen! Wenn du nicht vorgesorgt hast, kann es nach einer Trennung oder – noch schlimmer – nach einem Todesfall schnell dazu kommen, dass du ohne Geld dastehst. Oder dass du nicht weißt, welche Verträge und Schulden vorhanden sind. Weißt du, wo die entsprechenden Unterlagen abgelegt sind? Nimm auch das Steuer deiner privaten Finanzangelegenheiten selbst in die Hand.

Das Gleiche gilt auch für Anlagen, Anleihen oder Aktien. Beobachte dich einmal. Denkst du auch: „Das versteh ich doch eh nicht." Oder: „Mein Mann kennt sich da viel besser aus."
Das ist deine Komfortzone. Du hast genauso viel, wenn nicht sogar mehr Verständnis für finanzielle Angelegenheiten, wie (d)ein Mann. Warum sich aber viele Frauen für unbegabt halten: Weil wir zu faul sind, uns mit Dingen zu beschäftigen, auf die wir im ersten Moment keine Lust haben oder die uns zu komplex erscheinen, um sie zu verstehen. Doch im digitalen Zeitalter hast du jederzeit Zugang zu sämtlichen Informationsquellen.

Es gibt ohne Ende hilfreiche YouTube-Videos, Podcasts, Bücher oder Blogartikel. Du sollst ja keine Banklehre absolvieren. Aber versuche, die Finanzwelt in ihren Grundlagen zu verstehen.
Am einfachsten beginnst du, wenn du selbstständig bist mit meinem 7-Konten-Modell.

Es gibt wirklich keine Ausrede mehr, dein Geld nicht selbst zu managen!

Balance halten: Einnahmen und Ausgaben

Überlegst du gut, wofür du Geld ausgibst? Leider ist das bei vielen Frauen der Fall: Sie geben munter mehr Geld aus, als sie einnehmen. Häufig unbewusst. Manchmal aber auch ganz bewusst.

„Ich lebe nur einmal!“, ist nur eine der vielen Rechtfertigungen für dieses Verhalten.
Es ist aber so: Du lebst eben nicht nur einmal. Ich starte hiermit keine philosophische Diskussion über die Unendlichkeit und Möglichkeiten des Universums. Aber sei ganz ehrlich: Fühlst du dich wirklich wohl bei solch einem Umgang mit Geld? Du lebst jeden Tag und sabotierst durch die Angewohnheit falscher Einstellungen immerzu dein eigenes Glück. Dein Unterbewusstsein nimmt dies sehr wohl wahr.

Genauso wenig hilft es dir, mit anderen mitzuhalten oder andere beeindrucken zu wollen. Keine Frau braucht 9 Handtaschen oder 16 Paar Schuhe. Hinterfrage dich ganz genau, wenn du zu solchen Spontankäufen neigst, hinterfrage dich: „Welche emotionalen Löcher stopfe ich damit?“, und gib ab sofort bewusst weniger aus, als du einnimmst.

Im Umkehrschluss können, sollen und dürfen dich Anschaffungen (Besitztümer, Erlebnisse) durchaus glücklich und zufrieden machen! Du erkennst solche Investitionen daran, dass du sie auch bei mehrfacher Nutzung noch genießt.

Geld und Wertschätzung

Bezahlst du dich immer zuerst oder wartest du ab, ob etwas für dich übrig bleibt? Wenn du so vorgehst, machst du dem Universum gegenüber ein ganz klares Statement: Erst kommen alle anderen, dann kommst du selbst. Mach es anders! Bezahl dich selbst zuerst! Wenn du noch kein regelmäßiges „Gehalt“ für dich überweist, ändere das sofort.

Integriere ein automatisiertes Spar-System. Dann brauchst du dich darum nicht zu kümmern. Starte am Anfang mit 20 Prozent und steigere diese Beträge ganz natürlich mit dem höheren Geldfluss in deinem Leben. Das Ergebnis: Du sparst ganz automatisch und konzentrierst dich auf die schönen Dinge – wie das Ausgeben deines Luxus-Etats.

Erfolg und Reichtum

Geht es um finanziellen Erfolg oder Misserfolg, ist das einer der Faktoren, die am häufigsten unterschätzt werden: So wie du denkst, so wirst du handeln.

Das Ergebnis ist die Auswirkung deiner Denkweise. Wenn du an deinem finanziellen Erfolg zweifelst, wirst du wahrscheinlich nie erfolgreich sein.

Überprüfe exakt, welches Glaubenssystem du hast und von wem es stammt. Von dir, von deinen Eltern, von anderen prägenden Personen? Erkennst du Gemeinsamkeiten? Willst du finanziellen Erfolg, jedoch fehlt dir der Mut? Oder dich prägt ein falsches Sicherheitsdenken?

Meist erkennen wir solche einschränkenden Glaubenssätze bei uns nicht, man nennt das den sogenannten „blinden Fleck". Dazu brauchst du einen Coach, der dich über Fragen dorthin führt, wo du selber nicht hinschauen magst. Solange du also in deinem Kämmerchen bleibst, werden dir die besonders tiefen Mechanismen und Blockaden verborgen bleiben.

Dann wird auch das deinen finanziellen Erfolg in keiner Weise beflügeln. Lasse Geld stattdessen mit Leichtigkeit zu dir fließen.

Übrigens – diese „blinden Flecken" sind für alle anderen gut zu sehen. Du kennst das sicher bei Freundinnen oder Bekannten, wo du dich wunderst, warum sie dieses oder jenes Problem noch nicht gelöst haben. Wo es doch so einfach scheint?

Was du tun kannst:

Finde heraus, was für dich Reichtum bedeutet. Lade ihn Stück für Stück in dein Leben ein. Mache nach und nach gesunden Raum in deinem Budget für dein reiches Leben. Je öfter du kleinen und größeren Reichtum in dein Leben lässt, desto mehr Offenbarungen und Geschenke wird dir das Universum machen. Trau dich! Nimm diese Gaben des Universums an.

Die Millionen fühlen

„The sky is the limit."

Über Nacht Millionärin zu werden, ist wohl eher eine Ausnahme. Aber das Ziel ist grundsätzlich in fünf von zehn Fällen absolut realistisch.
Und zwar durch ein automatisiertes System, durch Veränderung deines Mindsets, durch Aufdrehen weiterer Geldhähne und durch das Schaffen von passivem Einkommen. Jede Frau hat dazu die Möglichkeiten. Auch du!

MEIN TIPP:

Nutze folgenden Satz, sage ihn dir immer wieder vor:

*„Ich verdiene Geld, während ich schlafe,
während ich arbeite, um den See laufe oder die Zeit
mit meinen Kindern und dem/der PartnerIn genieße."*

Das ist die richtige Einstellung. Das ist das Ziel. Schaffe dir passives Einkommen, das dir Geld bringt. Unabhängig davon, wo du gerade bist oder was du gerade machst. Alles ist möglich.

Und: Höre auf deine Intuition.

Brauchst du Unterstützung?
Nimm gerne mit mir Kontakt auf und schauen gemeinsam, was dich von deinem finanziellen Erfolg abhält!

Mandy Pohl

Magic Money Medium

www.pluspohl.com

Vom Reisen und der digitalen Welt deines Unternehmens – eine Parabel

Autorin: Dagmar Schulte,
www.Strategieschmiede.digital

Mias Nachbar war ganz begeistert. Der Aufenthalt in Dänemark hat ihm richtig gutgetan, das sah man sofort. Gestresst von den letzten Wochen wollte Mia das auch, einmal richtig auftanken und das Leben so leben wie sie es will, leben und arbeiten, wo andere Urlaub machen.

Für Mia war klar, Dänemark liegt im Norden, dort sind die Menschen eher verschlossen aber herzlich, das passt. Ihr Auto war nicht schön aber für die Reise sicher tauglich. Gedacht getan, ein paar Sachen gepackt und ab ging es. Es war ihr Neustart, sie brauchte nicht viel. Wo es hinging? Egal, Dänemark liegt im Norden und damit war klar, der Kompass sowie ein paar Zwischenstopps würden reichen, um ans Ziel zu kommen. Mia war ein Do-it-yourself Mensch, möglichst frei und unabhängig leben.

Wie du es dir sicher denken kannst, die Reise verlief durchaus nicht reibungslos, es gab einige Hürden, Umwege und Gemeinheiten. Mia wurden schnelle Lösungen angeboten, schlechte Wege genannt, teure Angebote gemacht und teilweise das Blaue vom Himmel versprochen.

Endlich angekommen, war Mia dann auch noch enttäuscht, die besten Plätze waren weg und irgendwie passten die Angebote doch nicht zu ihrem Lifestyle und ihren Erwartungen. Mia wollte Spaß, nebenbei Geld verdienen, die schöne Landschaft genießen, um danach irgendwann, braungebrannt und finanziell saniert, die Heimreise antreten zu können.

Was Mia vorher nicht wusste, war, ihr Nachbar machte das schon länger, hatte ganz andere Erwartungen, war voll ausgerüstet und kannte die Strecke aus dem Effeff. Die besten Gelegenheiten, womit er rechnen musste und was er erwarten konnte, das wusste er und hatte alles einkalkuliert. Mia dagegen war Anfängerin, zwar positiv eingestellt und voller Tatendrang aber schlecht ausgerüstet.

Warum ich dir von Mia erzähle?

Es ist eine Parabel. Sie symbolisiert den Umgang den etwa 50 % der Unternehmer und Selbstständigen mit dem Thema der digitalen Zukunft an den Tag legen. Man schaut auf den Nachbarn und macht, was anscheinend notwendig ist, nimmt lieber schnelle als nachhaltige Lösungen, hofft auf eine gute Resonanz und wundert sich dann, dass die Kunden woanders sind, nämlich da, wo neue smarte Lösungen für eigentlich altbekannte Kundenbedürfnisse zu finden sind.

Wer nicht mit der Zeit geht, geht mit der Zeit

Diesen Satz zu schreiben fällt mir nicht leicht und doch ist es so wichtig. 1996 war das erste Smartphone auf den Markt gekommen und hatte ab da einen rasanten Aufstieg. Angepriesen als „Büro im Westentaschenformat“ sollte es eine echte Erleichterung sein. Heute ist es viel mehr als das, es ist Marktplatz, Kommunikationsplattform, Wissensdatenbank, Kasino, kurz „die Welt im Westentaschenformat“. Und diese gilt es im digitalen Zeitalter auch zu nutzen! In diesem Artikel zeige ich dir, wie.

Ich möchte dich einladen, das Ganze auf dein Leben und deine Arbeiten zu übertragen. Dein „Dänemark“ ist allerdings dein Ziel, deine Vision und dein Warum. Machst du es wie Mia? Lässt dich von Träumen leiten und stolperst in den Tag? Oder bist du eher der Stratege, planvoll und realitätsnah von A bis Z? Mia hat aus dem Bauch gehandelt und lieber schnell als überlegt agiert, ihr Nachbar hingegen wusste, was er tat, ihm war klar, wo Fallstricke liegen und womit er rechnen muss.

Die Presse ist voll mit wunderbaren Geschichten und großen Erfolgsstorys, aber auch Horrormeldungen und Weltuntergangsszenarien. Mias Motivation waren die wunderbaren Erzählungen ihres Nachbarn. Allzu gerne lassen wir uns von fantastischen Erzählungen motivieren oder aber von schaurigen Storys leiten und in die Irre führen. Mia war mit einem Kompass, dem Glauben an die Menschen und einem groben Wissen um das Ziel aufgebrochen. Wir wissen nicht, wie viel schneller, kostengünstiger und zielführender es gewesen wäre, hätte Mia ihr Geld vorher in ein Navi investiert, Infos eingeholt und Kenner befragt. Aus unserer Erfahrung heraus wissen wir aber sehr wohl, dass eine direkte Verbindung immer schneller, problemloser, zielführender ist. Sicher kennst du auch Beispiele dafür.

Mias Weg war gespickt mit Umwegen und Versprechen, guten wie schlechten Bedingungen, netten und weniger sympathischen Menschen, so wie jeder es kennt. Der Einfluss von außen zieht uns runter oder baut uns auf, er hilft uns wachsen oder lässt uns verdorren, so ist das meistens. Stopp, denn es geht auch anders! Wissen und Strategie hilft uns immer den besten Weg zu gehen: den, der zu uns passt.

Die Karte hätte ihr gezeigt, dass der bessere Weg wohl ein anderer ist und das Navi ihr geraten der Vollsperrung aus dem Weg zu gehen. Der Kompass symbolisiert das Do-it-yourself, die Karte das Wissen über die Möglichkeiten und das Navi die Krönung des ausgeklügelten Konzepts: schnell, agil und immer auf dem aktuellen Stand.

Und, last but not least, am Ende des Weges war das Ziel nicht erreicht, Dänemark ja, also geografisch schon, aber das Warum eben nicht, und damit die ganze Reise ein Flop.

Diese Parabel habe ich gewählt, weil sie einiges sehr schön illustriert. Oft lassen wir uns von Dingen leiten, die gar nicht so wichtig sind, von anderen Menschen stoppen, die wir nicht kennen. Wir glauben an Details, die wir nicht wissen und träumen von Gegenständen, die wir nicht brauchen. Dieses Beispiel soll dich aufrütteln und motivieren zu reflektieren, um neue Wege zu gehen: Die Zeit ist reif und der Wandel ist da. Nie war die Zeit besser als jetzt.

Innovationen fluten unser Leben, sie helfen uns das Leben zu erleichtern, sie schützen oder bewegen uns, sie verwirren oder halten uns zurück. Wer sich mit Innovationen beschäftigt und der Zukunft entgegengeht, muss wissen, was er will, offen sein und immer wieder hinterfragen, was wirklich helfen kann.

Digitale Zukunft? Nicht mit mir ...

„Das ist nur was für die großen Player." Nein, wenn du so denkst, bist du dabei deinen eigenen Wert und den deiner Dienstleistung viel zu geringzuschätzen. Die technologische Entwicklung führt dazu, dass wirklich jeder sie verwirklichen kann, im Großen wie im Kleinen. Manche Dinge brauchen Zeit und große Sprünge gibt es selten für kleines Geld, das ist richtig. Das darf dich aber nicht davon abhalten jetzt Entwicklungen anzustoßen und Strategien zu entwickeln, die du morgen dringend brauchst.

Die folgende Liste habe ich einmal aufgestellt, um dir mögliche Varianten zu skizzieren:

- Friseurinnen, Kosmetikerinnen und Therapeuten vereinbaren Termine und besondere Behandlungen online mit direkt perfekt abgestimmten Zeiten, die Abrechnung geschieht vollautomatisch, und per Zahlungsdienst muss auch keiner mehr mit Bargeld hantieren.

- Coaches und Beraterinnen können von überall auf der Welt arbeiten und sind per Onlinemeeting mit ihren Klienten verbunden, Abrechnung und Bezahlung können auch hier vollautomatisch erfolgen. Das schließt weder die wichtigen persönlichen Treffen noch eine tiefe Verbundenheit aus.

- Für den Handel und die Boutique können flexible Möglichkeiten aus On- und Offlinegeschäft genau die passende und vom Kunden geforderte Wahl sein. Über verschiedene Wege können hier passgenaue Angebote den Kunden offeriert werden.

- Maklerinnen, Steuerberaterinnen usw. können eine ganz andere Art des Arbeitens etablieren. Durch neue Möglichkeiten der Kommunikation, Onlinebesichtigungen und des Vertragsabschlusses inklusive Archivierung und Bezahlung wird sich viel verändern können.

Die Liste ist als Appetizer gemeint und sicher kommen auch dir jetzt eigene Ideen.

Wäre es nicht schön, wenn du dich schon jetzt vom Mitbewerber stärker differenzieren könntest? Du wärst ein Kundenmagnet, ein aktiver Teil der Entwicklung, anstatt zweifelnd daneben zu stehen und zuzuschauen, wie andere die Schritte gehen, die du selber auch längst hättest gehen sollen? Auch ich habe Seminare besucht, habe viel Geld ausgegeben und immer gehofft, den passenden Weg zu finden.

Fündig wurde ich erst da, als mir klar war, welcher Weg da vor uns liegt und wie weit die meisten von uns davon entfernt sind. Ich habe viel Zeit und Geld in Bücher und Webinare gesteckt, habe Wissen erworben und Erfahrungen gemacht, damit ich es an ehrliche Menschen und Unternehmen weitergeben kann, für eine zufriedene Welt und ein Leben in Freiheit und Wohlstand, für dich.

Wenn du also vor deinem Weg stehst, melde dich bei mir und lass uns gemeinsam deine Reise planen. Ich kenne den Weg und die „besten Plätze".

Für Mia war Dänemark das Ziel, nicht ein bestimmter Ort, auch das ist ein beliebter Fehler. Für dich als wirtschaftlich denkender Mensch darf das aber nicht reichen. Je konkreter dein Ziel ist, desto eher wirst du es erreichen, dich nicht von marktschreierischen Effekthaschern ködern lassen und viel Geld in Dinge investieren, die dich deinem Ziel nicht wirklich näherbringen. Sicher kennst du das auch, ohne ein konkretes Ziel, ohne eine echte Verpflichtung und nicht zuletzt, ohne eine gewisse Portion Dringlichkeit finden viele Dinge nicht statt oder werden nur halbherzig begonnen.

Als ich 2016 anfing, mich für eine wissenschaftliche Arbeit mit dem Thema der Zukunftsforschung auseinanderzusetzen, erkannte ich sehr schnell, wie wenige von uns (mich damals eingenommen) von den aktuellen Entwicklungen wissen und wie dringend es ist, dass jeder es weiß. Wer unter dem Begriff der Digitalisierung schnelles Internet, E-Mail und Programme versteht, liegt nicht falsch, verkennt aber das enorme Potenzial, das schlummernde Neuerungen und Entwicklungen zu bieten hat, für jeden. Wir befinden uns inmitten der vierten industriellen Revolution.

Die vierte industrielle Revolution

Sie ist grundlegend und nachhaltig. Eine Revolution verändert nicht ein bisschen, sie verändert gesellschaftliche und kulturelle Systeme fundamental und das in relativ kurzer Zeit. Das Leben und Arbeiten vieler Menschen und Kulturen verändert sich nachhaltig, aktuell und in kurzer Zeit. Für viele ist die Digitalisierung eine Sache, der sie lieber wenig Beachtung schenken, zu schön ist das Hier und Jetzt, zu bequem die Welt. Das ist schade, da genau hier viele Chancen liegen, die weit über Marketingautomatisierung und Onlineshops hinausgehen.
In meinem Beitrag möchte ich dich einladen, genau diese Chancen für dich und dein Business zu entdecken, damit du auch in Zukunft der Erfolgsmagnet deiner Branche bist.
Vielleicht kennst du sie auch, die Formel für Erfolg, so wie sie oft publiziert wird:

Erfolg = Können × Wollen × Dürfen

Wenden wir diese Formel einmal auf uns an:

- **Können**, dazu gehören das Wissen und die Fähigkeit, dieses erfolgreich umzusetzen. Hier lässt sich viel durch Fleiß und Ehrgeiz bewegen, wobei das Argument des Alters keine Rolle spielt, da wir ein Leben lang lernenkönnen, wenn auch dem Alter entsprechendanders.

- **Wollen**, das ist die Motivation, die uns voranbringt und uns Widerstände überwinden lässt. Je dringlicher der Wunsch und je größer der Veränderungsdruck ist, desto höher können die Widerstände sein, die überwunden werden undderen erfolgreiche Umsetzung alles Vorangestellte übersteigen kann.

- **Dürfen** zeigt, wie viel Spielraum vorhanden ist und wie viele Ressourcen zur Verfügung stehen. Das ist der Aspekt, der von besonders vielen äußeren Faktoren beeinflusst wird und deren Überwindung alles andere als trivial ist. Jetzt giltes zu lernen Ressourcen zu heben und neue Spielräume zu entdecken.

Du wirst Erfolgsmagnet sein, wenn du dein Wissen im Sinne des Kunden erfolgreich umsetzen kannst, du den Willen hast, wirklich Neues zu erschaffen und du es schaffst, Freiräume zu finden, Ressourcen zu bündeln und Verbündete zu finden. Damit deine Reise nicht nur passend beginnt, sondern auch zielführend verläuft und auf dem Siegerpodest endet, habe ich das „Fünf Schritte Modell“ entwickelt.

Es vermittelt dir die nötigen Grundlagen und gibt dir die Werkzeuge an die Hand, die du brauchst, um verlässlich dein Ziel zu erreichen. Du profitierst dabei von all meinem Wissen und den Erfahrungen die ich gesammelt habe als Frau und Mutter, als Wirtschaftsingenieurin und Mediatorin, als Spezialistin für Innovation und Zukunftsforschung.

Das „Fünf Schritte Modell“

Schritt eins: Du wirst zum Digitalexperten deiner Branche, ab da macht dir niemand mehr was vor.
Keine Angst, hier wird es nicht allzu technisch, aber über aktuelle Trends und die grundlegenden Wirkweisen solltest du Bescheid wissen, da du ansonsten schnell Gefahr läufst abgehängt und dominiert zu werden. Das A und O für gute Entscheidungen ist das Wissen um die zur Verfügung stehenden Möglichkeiten.

Schritt zwei: Chancen erkennen
Viele starten, ohne sich mit dem Startpunkt als solchen auseinanderzusetzen, dabei ist der zwingend notwendig, um unnötige Schritte und vielleicht entscheidende Umwege zu vermeiden. Es ist ein Unterschied, welches deine Branche ist, wo sie steht und wie die Erwartungen der Kunden sind. Wer sind deine Kunden, welche Altersstruktur bedienst du, wie technikaffin sind sie, in welchem Umfeld befinden sie sich und mit welcher Liquidität sind sie ausgestattet? All das sind Rahmendaten, die Einfluss auf deine Reise haben.

Schritt drei: Neue Märkte entdecken
Bei dem nächsten Schritt geht es darum, die wirklich sinnvollen und effizienten Schritte zu wählen. Wer in einen Laden geht und nicht weiß, was er will oder braucht, wird entweder mit leeren Händen nach Hause gehen oder Dinge mitgenommen haben, die zwar ganz nett sind aber nur sel-

ten die eigentliche Lücke füllen. So ähnlich ist es auch hier. Nach diesem Schritt weißt du, was sich für dich lohnt und was du erwarten kannst.

Schritt vier: Teamplayer, die neue Selbstverständlichkeit
Selbstständig bedeutet selbst und ständig, das war eines der ersten Sätze, die ich zu diesem Thema gehört habe und ich bin mir sicher, den kennst du auch. Egal ob im Job oder in der Selbstständigkeit, Silodenken ist passé und crossfunktionale Teams mit multikulturellem Hintergrund die neue Wirklichkeit. Das bedeutet neue Wege und Herangehensweisen, Konflikte und Lösungen.

Schritt fünf: Kommunikation – kleine Fehler, große Wirkung
Für den ersten Eindruck gibt es keine zweite Chance und der letzte Eindruck bleibt, das sind zwei oft gesagte Sätze, deren Inhalt verblüffend stimmt. Wie schaffst du es jetzt aber, viele Menschen zu überzeugen, dass sie sich dir öffnen, egal ob Bankberater, Kunde, Mitarbeiter oder die Nachbarn von nebenan. Die Kommunikation erlernen wir von klein an, sie verbindet oder trennt, oft beiläufig und fatal.
Um noch einmal auf das Bild der Reise zu kommen, am Ende hast du eine exakte Karte, in der Hand nach der du reisen kannst und ein Navi im Kopf, das dich frühzeitig warnt und dir die besten Möglichkeiten zeigt.

Dagmar Schulte

www.Strategieschmiede.digital

Wer schreibt hier?

Mein Name ist Dagmar Schulte und ich gehöre nicht zu der „klassischen Nerd-Szene“, die mit tiefen Augenringen, Kapuzenpulli, Pizzakartons und wenig sozialen Kontakten ausgestattet ist. Ich kaschiere meine Augenringe, trage vornehmlich Blusen, esse Pizza für mein Leben gerne (tue dies aber nicht, da ich ansonsten aufgehe wie ein Hefekuchen) und liebe den Kontakt mit Menschen. Sie sind mein Lebenselixier.

Lange Jahre habe ich unter Mobbing gelitten, habe geschwiegen und dann doch den Weg geschafft, weil ich es wollte, weil ich nicht andere über mein Leben bestimmen ließ. Als gelernte Fotolaborantin (1986) bin ich eigentlich eines der ersten „Digitalisierungsopfer“, habe ab 2007 Wirtschaftsingenieurwesen studiert und bin jetzt Generalistin mit dem Fokus auf Innovation und Zukunftsforschung, immer mit dem Ziel, vielen Unternehmern das zu ermöglichen, was sie noch nicht kennen oder sehen. Ich möchte dich einladen, dass auch du deine Entwicklung und die deines Business in die eigene Hand nimmst und damit auf dem Siegerpodest stehst.

Krisen berühren uns tief, sie lassen Impulse und Bedürfnisse hervorbrechen und können damit der Startschuss für Neues sein. Sie sind damit Türöffner für Entwicklungen, die wir uns vorher nie zugetraut hätten, uns über uns hinauswachsen lassen und die uns nachhaltig verändern können. In meinem Leben habe ich viele Veränderungen sowie Höhen und Tiefen erlebt, beruflich wie privat, es ist die Entwicklung, die wir Leben nennen und deren Würze nicht in der Gleichförmigkeit besteht. Für ein Leben und Business mit Erfolg und Würze ist es notwendig, sich mit den Möglichkeiten vertraut zu machen, eine Vision zu entwickeln und strategisch vorzugehen.

Meine Programme bieten jedem genau die Chance, nämlich der Gewinner der Entwicklung zu sein. Solltest du auch dieses Gewinnergen in dir wecken wollen, sollten wir miteinander reden und schauen, ob die Zusammenarbeit passt. Damit dir Umwege und Zweifel, unnötige Kosten und verpasste Chancen erspart bleiben, habe ich ein Konzept entwickelt, mit dem du Step für Step, aufbauend und klar strukturiert deine erfolgreiche Zukunft kreierst, ehrlich und direkt.

Und einfach ist, was Routine wurde

Autorin: Inge Walther
www.dieimagemacherin.at

Stell dir vor, vor dir liegen 2 Produkte. Eines sieht aus, wie bereits einmal um die Welt gereist, eingepackt in braunes Papier, etwas ramponiert und zerfleddert. Das andere ist fein säuberlich in feines Papier gehüllt und mit bunten Bändchen verziert. In beiden befindet sich derselbe innovative Inhalt, beides kostet gleich viel. Auf welches würdest du ganz spontan greifen? Genau, die Verpackung macht es.

Farbe ist Licht, Farben haben viele Facetten. Farben sind magisch. Sie können dir ein Lächeln in dein Gesicht zaubern. Das Gefühl von wohliger Wärme geben, oder aber kühlen. Farben machen Stimmung. Direkt bei deinem Gesicht können Farben, die für deine Farbpersönlichkeit unpassend sind, dich ungesund aussehen lassen. Jedoch lassen „deine Farben“ deinen Teint strahlen und Fältchen verblassen.
Aber noch ein weiterer Faktor hat großen Einfluss auf deinen Erfolg. Und der ist eng verknüpft mit der Farbe und dem Licht. Es ist deine Laune. Denn die kannst du immer selber beeinflussen.

Kennst du diese Aufgaben oder Vorhaben, die mit körperlichem Unbehagen beginnen? Vielleicht steht ein Fototermin, Live-Interview oder Videodreh ins Haus oder ein Buch will geschrieben werden. Da hast du die Wahl. Lässt du das Unbehagen die Oberhand gewinnen? Oder änderst du deine Stimmung bewusst?

Wenn bei mir solche Termine anstehen, bringe ich mich mit meiner Lieblingsmusik in Stimmung und der Duft meines Lieblingsparfums regt die Tätigkeit der Gehirnzellen an. Wenn in unseren vier Wänden „Innendienst“, also aufräumen und sauber machen, angesagt ist, kommt Tina Turner auf den Plattenteller und darf vor meinem geistigen Auge die Hüften schwingen. Dann geht es flott dahin mit den gestellten Aufgaben.

Ich bin für mich und mein Glück selbst verantwortlich. In diesem Artikel bekommst du meine Lebensrezepte an die Hand und erfährst, wie du deinen Erfolg beeinflusst: durch Farbe, Kleidung und Stimmung.

Wer schreibt hier?

Märchen beginnen mit „Es war einmal ..." und genauso hat meine Selbstständigkeit begonnen: „Na, dann machen wir mal ..." Doch über die Jahre und mit den unterschiedlichen Aufgaben, die das Leben an mich herantrug, habe ich mir klare Lebensmaximen geschaffen, die mich zur erfolgreichen Unternehmerin machen. Ich bin Inge Walther und ich verstand es lange nicht, warum ich beim morgendlichen Blick in den Spiegel (noch frei von Make-up) so furchtbar aussah: „Das kann doch nicht sein?" Und so reifte der Entschluss: „Das wird anders!"

Mein Unternehmertum begann vor vielen Jahren „so nebenbei" mit der Farbberatung. Neben einem Vollzeitjob als Spezialistin für Einkaufszentren, wo es um Daten, Fakten, Zahlen ging. Und neben meinen anderen Prioritäten: Familie, Kinder und deren Ausbildung, Weiterentwicklung im Brotberuf ... Es dauerte etliche Jahre, bis ich mir auch Zeit und Geld für mich und meine Farbberater-Ausbildung nahm. Zumal „Zuerst die anderen, dann ich", mein Maß aller Dinge war.

Schließlich begann ich meinen langgehegten Wunsch, die Ausbildung zur Farb- und Stilberaterin. Und der Aha-Effekt ließ nicht lange auf sich warten:
Ich wählte einfach immer die für meinen Teint unpassenden Haarfarben, das ließ mein Gesicht blass aussehen und kleine Fältchen als tiefe Krater hervortreten. Die Farben meiner Kleidung unterstützten den nachteiligen Effekt, außerdem war sie für meinen Körper unvorteilhaft geschnitten und hob meine „Problemzonen" hervor, statt sie zu kaschierte. Das Material fühlte sich nicht „gut" auf der Haut an.

All das drückte auf meine Laune. Nach Abschluss meiner Ausbildung kam die kalte Dusche: Ich dachte, jetzt bin ich fertig und dabei musste ich feststellen, ich steh' ja ganz am Anfang. Also begann ich meinen Weg. Und der ist noch lange nicht zu Ende!

Dazu habe ich dir auf YouTube ein Video vorbereitet:

https://youtu.be/o_eu2RfM1do

Sei ein Vorbild!

Wenn du erfolgreich sein willst, darfst du Vorbild sein. Als ich das erkannt hatte, begann ich das Gelernte für mich umzusetzen. Zuerst begann ich, mein Aussehen und meinen Auftritt zu ändern. Dabei strich ich unzählige Friseurbesuche, ließ meine Haare raspelkurz schneiden und verzichtete auf die Haarfarbe. Das brachte mir unglaublich viel Komplimente und Bewunderung entgegen, denn silbergrau ist goldrichtig. Gezielt veränderte ich Kleidung, Schuhe und Accessoires, kaufte nur mehr mit Plan ein. Alles fügte sich zusammen, mein kleidungstechnisches Leben war plötzlich so einfach und glasklar. Und mit diesen Veränderungen im Außen begann sich auch meine Stimmung zu verändern. So kam es, dass ich mir viele „Werkzeuge für gute Laune“ zimmerte, die ich bei Bedarf aus der „Box“ ziehe. Einige davon teile ich mir dir. Überlege dir: Womit fühlst du dich wohl? Welches Kleidungsstück trägst du nie? Welches „Teil“ lässt dich „alt aussehen“?
Frage dich: Brauche ich das wirklich noch im Kasten? Lasse ich dadurch weiter meine Laune beeinflussen? Bin ich mir nicht mehr wert, als das kratzige Ding?
Über „Kleidung“ habe ich dir auf YouTube ein Video vorbereitet: https://youtu.be/SkqOYaSlecc

Und dann handle! Nur so wirst du erfolgreich!

Du bist einzigartig

Ich und mein Team (Farb-, Stilberaterinnen & Visagistinnen) tingelten also lange Zeit nebenberuflich freitagnachmittags oder samstags zu Einkaufszentren oder Messen. Menschentrauben und lange Schlangen standen um uns herum. Jeder wollte für sich persönlich die bestens Tipps mit nach Hause nehmen. Die strahlenden Gesichter der Damen, die danach ihr Aussehen und ihren Auftritt so einfach und wirkungsvoll verbessern konnten, bleiben mir ewig in Erinnerung.
Meine Erkenntnis aus dieser spannenden Zeit:

Hör auf, endlos in Hochglanz-Modekatalogen oder bunten Blättern zu schmökern und diesem scheinbaren makellosen Ideal nachzueifern.

Diese Fotos sind alle nachbearbeitet. Jede Frau ist einzigartig (schön) wie sie ist. Mit Wissen, Können und Erfahrung bringen wir deine Einzigartigkeit gemeinsam zum Strahlen.

6 Tipps für deine Farb-Stimmung

1. Magst du Rot? Ich liebe es. Es steht für Energie, Kraft, den „Saft des Lebens“ und die Farbe der Liebe. Ich möchte gerne öfter Rot tragen, aber es steht auch für Aggression. Denke nur an den Satz „Er/sie hat Rot gesehen“. Muss Frau deshalb auf Rot verzichten? Nein, keineswegs. Trage rote Unterwäsche. Keiner sieht es und die Energie ist mit dir. Hast du kalte Füße? Trage rote Socken.

2. Kennst du den Spruch „die beige Generation“? Möchtest du auch dazugehören? Dann trage Beige, kein Mensch wird dich ansprechen, weil du einfach nicht gesehen wirst. Beige kannst du aber wunderbar mit beinahe allen Farben kombinieren.

3. Du gehst nicht gerne shoppen? Dann mache es so: Steht dir ein Kleidungsstück richtig gut und siehst du darin einfach umwerfend aus? Fühlt es sich gut auf der Haut an und würdest du es am liebsten Tag und Nacht anbehalten? Dann rate ich dir, kaufe das Teil

gleich doppelt. Egal ob Shirt, Bluse, Hose oder Kleid. Zum gutsitzenden Hosenanzug gleich eine zweite Hose dazu. Wer weiß, wann diese Gelegenheit wieder kommt. Dann ärgerst du dich später nicht, diese Chance verpasst zu haben. Und noch ein Tipp: kaufe bei Hosenanzug oder Kostüm gleich die passende Bluse oder ein Shirt dazu. So ist dein neues Outfit fast komplett und du hast viele Möglichkeiten zu kombinieren, weil alles zusammenpasst.

4. Bekleidung ist ja eine einzige optische Täuschung. Mit den richtigen Farben, Schnitten, Mustern und Materialien können auch dicke Hintern oder große Busen ansehnlich verpackt werden. Geh' raus und sei ein funkelnder Diamant auf der Bühne deines Lebens!

5. Die Oma hat gesagt: „Die Unterwäsche ist wie das Fundament beim Hausbau.“, und an das halte ich mich. Es klingt noch in den Ohren, wenn Oma sagte: „Zieh' dir ordentliche Unterwäsche an, stell' dir vor du kommst ins Spital!“ Na ja, wenn ich im Krankenhaus lande, wird es allen egal sein, ob ich tadellose Unterwäsche trage. Dann ist es ein medizinischer Notfall und kein Catwalk. Dennoch: Auch wenn niemand weiß, dass du edle Teile „darunter“ trägst – du weißt es und fühlst dich dadurch erfolgreich.

6. Mit Charme, einem Lächeln und (meinem wienerischen) Schmäh‘ (Charme) komme ich so ziemlich aus jedem Fettnäpfchen raus oder verbreite einfach gute Laune. „Man muss die Regeln kennen, um sie brechen zu können.“ Fröhlichkeit steckt an und wenn du gezielt an deiner Stimmung arbeitest, kannst du diese Karte auch für dich ausspielen.

Über „Farbe“ habe ich dir auf YouTube ein Video vorbereitet: https://youtu.be/qB7oCfxUPlQ

6 Tipps für deine Erfolgs-Stimmung

1) Schmuck fürs Nachthemd?

Die besten Ideen, die tollsten Projekte bleiben unentdeckt, wenn du nicht rausgehst und sie der Welt zeigst. Gedanken wie, „es ist noch nicht perfekt“, „da fehlt noch xy“, „da brauch’ ich noch eine Ausbildung“, „was könnten denn die anderen sagen“, begleiten dich immer. Doch wenn du dem nachgibst, wirst du niemals Erfolg haben.

Ich rate dir: Pfeif auf deine inneren Stimmen! Dein Produkt oder deine Dienstleistung hilft anderen und muss das Licht der Welt erblicken. Und die Reaktionen deiner Umwelt sind wichtig, sie helfen dir, deine Dienstleistung weiter zu verbessern.

Meine Erfolgsformel: Erfolg = Mut und Tun.

2) Das magische Erfolgsglas

Erfolg hat viele Gesichter. Für den einen bedeutet es viel Geld zu haben, für den anderen ein harmonisches Familienleben zu leben, für andere, alle Berggipfel der Welt zu erklimmen. Ja und es gibt nicht nur Hochs, sondern auch viele Tiefs, die es durchzumachen gilt. Ich für mich mache mir jedes Jahr mein persönliches Erfolgsglas.

Ein einfaches Rex-Glas bietet dazu gute Dienste. Es ist gefüllt mit leeren Zetteln und einem Stift. Ich notiere jeden Erfolg, jedes tolle Erlebnis in Stichworten und mit Datum und lege es ins Glas hinein. An Tagen, wo es nicht so gut läuft, habe ich eine gute Quelle, um nachzusehen, was ich schon alles geschafft habe und hole mir positive Erinnerungen. Am Ende des Jahres wandern diese Schätze in ein leeres Marmeladenglas mit Jahreszahl.

Nimm dir gleich ein großes Einmachglas und lege dir ausreichend Zettel und einen Stift hinein! Über die Jahre gibt dies ein wunderbares Nachschlagewerk für deine Erfolge!

3) So behältst du Überblick

Es gibt immer wieder mal Zeiten, wo du viele unterschiedliche mitunter verwobene Projekte gleichzeitig am Start hast. Wenn du in vielen Plänen parallel verfolgst, wird es schwierig, geistig in Sekunden zwischen den Aufgaben zu wechseln. Noch herausfordernder wird es, wenn du Mitarbeiter hast: Sie sollten dir und deinen gedanklichen Sprüngen auch folgen können.

So ging es mir immer wieder. Auf der Suche nach einer Lösung fiel mir der „Kappen-Schmäh" (Wienerisch für Spaß) ein, den ich in einer Ausbildung kennengelernt hatte. Was das genau ist? Das war eine imaginäre Hutleiste, die ich vor meinem Schreibtisch an der Wand hatte. Da hingen meine Fantasie-Kappen für jedes Projekt, fein säuberlich und geistig beschriftet. Um den oft komplizierten Weg zu Ziel zu finden, ihn nicht aus den Augen zu verlieren und die Übersicht zu bewahren, setzte ich gut sichtbar – für meine Kolleginnen z. B. die Kappe A auf. Damit war das Signal: Ich bin jetzt in die Rolle des XY geschlüpft und jetzt geht um Projekt A.
Das kam gut an und entwickelte sich zu einem „Running Gag". Besprechungen wurden augenzwinkernd mit „Welche Kappe nehmen wir denn heute?" eröffnet.

Welches Hilfsmittel hast du, damit du alle „Fäden" in der Hand behältst?

4) Die „Scheiben-Technik" oder „Das kann ja nicht so schwer sein ..."

Vor vielen Jahren arbeitete ich bei einem in Österreich sehr bekannten Baumeister, Ing. Richard Lugner. Dort war ich Abteilungsleiterin der Abteilung Immobilien. Herr Lugner ist ein ideenreicher, umtriebiger und cleverer Geschäftsmann, bald 88 Jahre alt. Wir freuen uns immer noch, wenn wir einander begegnen.
Er liebte es, mich telefonisch mit einer seiner neuen zahlreichen Ideen zu überschütten. Es sprudelte nur so aus ihm heraus. Offensichtlich sah er übers Telefon meine unzähligen Fragezeichen im Gesicht ... Wie soll denn das gehen? Was will er denn jetzt schon wieder Neues? Schon wieder so eine Idee? Wo fang ich damit an?

Sein „Das kann doch nicht so schwer sein!“, höre ich heut’ noch im Ohr. Auf Lösungen fokussiert, stellte ich mich also der scheinbar unüberwindbaren Aufgabe und begann nachzudenken, wie ich seine Wünsche, rasch, einfach und mit den vorhandenen Ressourcen erfüllen könnte.
Die Lösung lag darin

- die Aufgabe in einzelne, kleine Schritte zu zerlegen und
- mir Hilfe zu holen von Lugner-praxiserprobten KollegInnen

Und siehe da, es fügte sich und wurde großartig. Wenn du also vor einer großen und scheinbar unüberwindlichen Aufgabe stehst, nimm ein imaginäres Messer und schneide dir Scheiben ab. So gelingt das größte Projekt!

5) Nicht jedes erste Mal muss sein

Es ist so weit. Heute ist der Tag der Tage. Wird alles klappen? Hoffentlich wird es keine Pannen geben? Seit Wochen arbeiten wir gemeinsam darauf hin. Alle Kräfte gebündelt, dazwischen wurde es auch mal sehr emotional. Die Tore öffnen sich, der Mausi-Markt im Einkaufszentrum der Lugner-City wird mit großem Tamtam eröffnet.

Wir schrieben das Jahr 2000. Ein großartiges Fest, alles was Rang und Namen hatte, war geladen. Was für ein Gedränge! Und dann: Ein Tablett mit Austern wurde mir gereicht, ich möge doch bitte zugreifen! Ah ja, es roch fantastisch nach Meer und Salz und Urlaubsstimmung.

Na dann, los geht es, wann hat Frau schon die Chance, Austern zu schlürfen und dazu an gut gekühlten Champagner zu nippen? Die Auster am Weg zu meinem Mund, der Geruch von Salzwasser umwedelte meine Nase, Sehnsucht nach Urlaub machte sich breit.

Aber – oh Schreck – als das Ding in meinem Mund ist: „Oh Gott, wohin damit? Das wird ja immer mehr in meinem Mund!“ Glitschig, salzig und wer weiß was noch alles ...

„Einfach runter damit und gut spülen!“, waren meine Gedanken.

„Ach so schmeckt das! Und davon schwärmen alle? Na gut, die Erde wird sich weiterdrehen auch, wenn Austern jetzt nicht zu meinen unbedingten Gaumenfreuden zählen.“

Fazit: Manchmal ist es besser, auf das erste Mal zu verzichten. Und doch: Erfahrungen kann man nicht kaufen, die muss man machen.

6) Improvisieren, ja unbedingt – aber ganz

Eine meiner ersten Arbeiten war beim Germknödel-Kaiser Toni Kaiser. Tiefgekühlte Marillenknödel waren eines der meist gewünschten Produkte damals. In einem Jahr gab es in ganz Europa keine tiefgekühlten Marillen, weder ganze noch halbe. Und die frischen waren noch nicht reif.

Was also tun, wenn die Hauptzutat in der gewünschten Form am Markt nicht verfügbar ist? Wir griffen in der Not zu tiefgefrorene Marillenstückchen.
Das ging eine Weile gut, aber irgendwann stand eln aufgebrachter Kunde mitsamt seinem Teller beim Kundendienst und beschwerte sich lautstark über die Qualität der Marillenknödel.

Auf seinem Teller lagen 3 Marillenknödel in gerösteten Butterbrösel samt Besteck. Es sah eigentlich sehr appetitlich aus. Nicht für ihn, er war erzürnt vom Mittagstisch aufgesprungen, als er den ersten Knödel angeschnitten hatte: Statt in eine ganze Marille zu schneiden, quollen ihm Marillenstückchen aus dem Knödel entgegen! Sein Esserlebnis war gestört.

Die Verpackung der Knödel hatte er auch unterm Arm. Wenn auf der Verpackung „ganze“ Marillen steht, dann erwarte er sich das auch auf dem Teller. „Das sähe ja aus, wie wenn es schon mindestens einer im Mund gehabt hätte!“, rief er aufgebracht. Da ganze Marillen nicht zu bekommen waren, wurde die Verpackung an den Inhalt angepasst. Nichts geht über Klarheit und Transparenz!

Die Moral von der Geschichte: Was außen draufsteht, muss auch drinnen sein. Gehe niemals den „kurzen“ Weg, er könnte der Schwierigere sein.

Deine

Inge Walther

Die Imagemacherin
www.dieimagemacherin.at

Wie Räume auf deinen Erfolg wirken

Autorin: Jeanette Neidhardt-Rosenberger
www.raumgeschichten.eu

Räume bieten dir nicht nur ein Zuhause oder einen Arbeitsplatz, sie wirken nachhaltig auf deinen Erfolg. Wie sich Räume auf dich, dein Unternehmen, deine Mitarbeiter und deine Kunden auswirken, das zeige ich dir in meinem Artikel.

Wie Räume dich unterstützen

Zuerst einmal stellen wir zusammen, wie ein gutes Büro gestaltet sein soll und was unbedingt beachtet werden muss:

- Wie richte ich mein Büro ein, dass es zu mir und meinem Unternehmen passt?
- Wie richte ich es ein, dass ich konzentriert und erfolgreich arbeiten kann?
- Wie, damit sich auch Mitarbeiter und Kunden wohlfühlen und zu meinem Erfolg beitragen?

Der Raum, die Anordnung, die Materialien, die Farbe, die Möbel, das Licht, mein Platz, die Akustik, die Temperatur, das Umfeld, du und deine Kunden – all dies wirkt sich auf deinen Raum aus.
Auf diese Reise der Raumgestaltung und ihrer Wirkung möchte ich dich nachfolgend mitnehmen:

Dein Schreibtisch

Du sollst dich dort als die Hauptperson, die Chefin, fühlen und dies auch ausstrahlen. Vorab ein kleines Gedankenspiel: Sicher hast du auch schon mal an einer Schlossbesichtigung teilgenommen (oder Filme gesehen), wer zum König durfte, musste durch einen großen Saal schreiten und dort saß dann der König an einem mächtigen Schreibtisch, dahinter das Wappen und viel Prunk. Er saß nicht in der Ecke mit dem Rücken zur Türe, nein mitten im Raum – raumfüllend. Und genau so soll auch dein Schreibtisch aufgestellt sein.

Der ideale Platz für deinen Schreibtisch ist mit einer schützenden Wand im Hintergrund, mit freiem Blick zur Türe und möglichst auch noch mit Blick zum Fenster hinaus, denn ein Blick ins Grüne ist beim Arbeiten eine kleine Regenerationspause, die uns guttut. Somit hast du dir eine starke, den Raum überblickende starke Position geschaffen. Sitzen wir mit dem Rücken zur Türe, ist unser Unterbewusstsein ständig auf Habachtstellung, was hinter uns passiert, wer hinter uns vorbeiläuft oder auf unseren Bildschirm schaut.

Wir sind ständig abgelenkt, was das Arbeiten sehr ermüdend macht. Wenn du dir einen neuen Schreibtisch aussuchst, wähle einen mit einem festen Stand und einer stabilen Platte aus einem Material, das du magst – die Größe und Form hängt vom Raum ab und deinen Unterlagen, die du um dich zum Arbeiten benötigst.

Mein Tipp: bitte möglichst keine Glasplatte wählen, da hier die Gedanken und Ideen zu leicht „durchfallen" und du ständig auf deine Füße schaust.

Ergonomie und Ordnung

Die meisten von uns arbeiten hauptsächlich am Schreibtisch am Computer. Somit ist die Investition in einen ergonomischen guten Bürostuhl sehr zu empfehlen. Ebenfalls gibt es gute Hilfsmittel, um sich das Arbeiten am Computer leichter zu machen: Z. B. ist für alle, die viel am Laptop schreiben eine separate ergonomisch geformte Tastatur empfehlenswert oder auch eine Erhöhung für den Bildschirm entlastet den Nacken und mindert Verspannungen.

Wichtig ist auch, sich mit passenden Möbeln ein gutes Ordnungssystem zu schaffen. Wobei jeder seine eigene Ordnung hat und diese natürlich auch in seinem Büro leben darf. Wichtig ist, dass man morgens gerne in sein Büro kommt, nichts extra suchen muss, die Dinge griffbereit sind und man alles schnell und geordnet wiederfindet. (Ideal ist, wenn natürlich auch andere mit der Ordnung klarkommen.) Der Arbeitsplatz soll so gestaltet sein, dass ich mich leicht und gerne dorthin setze und zu Arbeiten beginne, kein „Aber“ davor habe oder erst einmal Platz schaffen muss, bevor ich beginnen kann. All das wirkt sonst als Energieräuber.

Die Raumgestaltung

Der Schreibtisch hat jetzt seinen richtigen Platz und wir sind gut organisiert. Doch wie gestalte ich komplett mein Büro? Vorweg: Geschäftsräume sollen uns nach außen präsentieren. Sie vermitteln, wie wir und unser Unternehmen von unseren Mitarbeitern und Kunden wahrgenommen werden wollen. Hier geht es jetzt nicht (nur) um unser ganz persönliches Empfinden und unseren persönlichen Geschmack (dies können wir zu Hause ausleben) hier geht es um die Außendarstellung unseres Unternehmens.

Doch wie finde ich die passenden Raumfarben und Elemente? Die Feng Shui Lehre besagt, dass jedem von uns entsprechende Farben und Elemente zugeordnet werden können, die für uns förderlich sind und dass auch die Ausrichtung der Räume mit in die Gestaltung spielt. (Möchtest du gerne mehr darüber erfahren? Melde dich gerne bei mir.) Die persönliche, uns fördernde Farbe und die passenden Elemente mit in die Büroeinrichtung aufzunehmen, gibt uns einen zusätzlichen Energieschub – immer mit Hinblick, dass wir damit etwas Positives verbinden! Farbwirkung im Raum hat natürlich auch immer etwas mit der Raumgröße zu tun. Helle kühle Farben machen Räume optisch größer, warme intensive Farben den Raum eher kleiner. Also auch hier lassen sich mit dem Wissen um die Farbwirkung Raumgestaltung und Raumgefühl verändern.

Eine weitere Herangehensweise ist, wenn wir eine unserer Unternehmensfarben wählen, und diese in die Räume bringen. Sei es, dass eine Wand so gestrichen wird, oder dass die Ordner diese Farbe bekommen. Alles, was uns auch optisch mit unserem Unternehmen verbindet, bringt Identifikation mit unserem Unternehmen. Nicht umsonst gibt es bei manchen Unternehmen T-Shirts/Hemden/Jacken mit Firmenlogo, was die Zugehörigkeit vertieft. Das Gleiche gilt auch für die Raumgestaltung. Und wenn du deine Räume jetzt passend zu deinem Unternehmen gestaltet hast, darf natürlich auch dein „WARUM“ nicht fehlen.

Warum hast du dich für dieses Unternehmen entschieden, was willst du damit für dich und andere erreichen? Manche hängen ihr Vision Board auf, andere Bilder von (Reise)Zielen. – Du darfst gerne jeden Tag an deine Ziele, Wünsche und Träume erinnert werden. Dies wirkt als tägliche Motivation.

Erfolgsfaktor Licht

Als Lichtplanerin ist mir dieses Thema ein besonderes Anliegen. Die neue LED-Technologie bietet auch bei der Lichtwahl so vielfache Unterstützung, dass wir besser arbeiten können. Nachfolgend gebe ich dir einen kurzen Einblick. Wer sich etwas Gutes tun möchte, investiert in eine verstellbare Tageslichtleuchte.

Es gibt natürlich für alles Richtlinien, sodass die Farbtemperatur im Büro bei 3000-4000 Kelvin liegen sollte und die Helligkeit auf dem Arbeitsplatz bei 500 Lux. Doch was steckt dahinter? 4000 Kelvin und höher ist ein eher kaltes Licht, bei 6500 Kelvin spricht man von Tageslichtweiß. Das wirkt auf unseren Organismus sehr anregend und wir können uns gut konzentrieren (dies entspricht einem sonnigen Tag um die Mittagszeit), ist allerdings sehr „kalt“ von der Wirkung.
Aber nicht immer müssen wir hochkonzentriert arbeiten. Manchmal muss man auch kreativ sein oder vertrauliche Gespräche führen – gerade im Coachingbereich.

Für diese Tätigkeit ist eine Lichttemperatur von 2700 Kelvin und niedriger besser, denn bei diesem Licht können wir entspannen und sind offener für Emotionen. Nicht umsonst werden vertrauliche Gespräche meist bei Kerzenschein geführt. Meine persönliche Empfehlung: Mach dir das Wissen und die Technik zunutze und setzt sie für dich ein!

Arbeiten im Homeoffice

Nicht alle haben ein separates Büro, deswegen gibt es ein paar Dinge, die unbedingt beachtet werden sollen, wenn du im Homeoffice arbeitest.

Im Vorfeld musst du dir klarmachen, dass deine Arbeit genau so viel wert ist, als wenn du sie im Büro machst.
Der Satz „Du bist ja eh zu Hause, du kannst dann doch noch vieles nebenher machen ...", ist sehr gefährlich! Zu Hause bist du dein eigener Chef und musst dich selbst organisieren und deinen Tag strukturieren.

Ein Arbeitsplatz, an dem du dich nicht wohlfühlst, an den du dich nicht gerne setzt, eignet sich nicht zum konzentrierten Arbeiten. Somit sollte dein Platz nicht „irgendwo" untergebracht sein, sondern in der Gestaltung wohl durchdacht werden. Deine Arbeit ist wichtig, somit darfst du dem Platz auch die notwendige Aufmerksamkeit in der Gestaltung und in der Wohnung schenken. Denn dein Platz darf ausdrücken, dass deine Arbeit wichtig ist und somit auch den nötigen Raum einnehmen.

Bringe deinem Homeoffice unbedingt Wertschätzung entgegen. Denn dort sollst du dich gerne aufhalten, um konzentriert und erfolgreich arbeiten zu können. In der Gestaltung deines Arbeitsplatzes gibt es auch viele Möglichkeiten, damit dich der Platz unterstützt, erfolgreich zu arbeiten.

Probiere gerne folgendes Gedankenspiel aus: Wie fühlt es sich an, wenn du in einer kleinen, dunklen Abstellkammer, vollgestellt mit allen möglichen alten Dingen arbeiten sollst? Vielleicht gar noch mit Blick auf Bügelwäsche und andere To-do's?
Und im Vergleich dazu, wie fühlt es sich an, in einem lichtdurchfluteten Büro mit aufgeräumtem Schreibtisch und Blick auf etwas Schönes zu arbeiten? Wo fühlt es sich erfolgreicher an? Wo willst du eher Kunden empfangen, egal ob Offline- oder Online-Gespräche? Wo strahlst du Professionalität aus und fühlst dich selbstbewusst?

Das ist der Grund, weshalb es so wichtig ist, dass du dir dein Umfeld auch im Homeoffice so gestaltest, dass es dich in deiner täglichen Arbeit und Einstellung zu ihr unterstützt. Der Arbeitsplatz repräsentiert dein Unternehmen nach außen. Auch, wenn deine Kunden deine Räume gar nicht sehen. Denn wir kommunizieren völlig anders, wenn unsere Räume auf „Erfolg ausgerichtet" gestaltet sind – wir fühlen uns viel selbstbewusster – und auch das ist durchs Telefon hörbar!

Homeoffice bedeutet nicht immer, dass es einen separaten Raum in der Wohnung gibt. Ich empfehle dir allerdings, dass du dir einen festen Arbeitsbereich einrichtest, an dem du arbeitest, und dass Wohnen und Arbeiten optisch und gestalterisch getrennt ist.
Auch wenn man davon spricht, dass sich Leben und Arbeiten ändern wird. Abstand und Pausen sind für unsere persönliche Gesundheit wichtig.
Deswegen sollte der Blick abends vom Sofa oder Bett nicht auf einen Berg unerledigter Aufträge fallen. Achte im Homeoffice darauf, dass du einen ansprechend gestalteten Hintergrund für Online-Meetings verwendest, denn hier lässt du jedem einen Einblick in dein Zuhause. Und es muss ja nicht jeder sehen, wie deine Wohnung aussieht. Auch das hat etwas mit Professionalität zu tun. Wenn es nicht anders geht, nutze einen passenden virtuellen Hintergrund, der zu deinem Unternehmen passt!

Das ist übrigens auch der Grund, weshalb ich nicht mit Hausschuhen ins Büro gehe, obwohl wir unser Büro im Haus haben. Wenn ich meine Schuhe wechsle, dann ist mir klar, jetzt wird gearbeitet – Haushalt und Co. dürfen warten.
Nachdem ich dir nun zusammengestellt habe, wie dein idealer Arbeitsplatz gestaltet werden soll, geht es jetzt um die Bürogestaltung, wenn du Mitarbeiter hast.

Wie wirkt Raumgestaltung auf deine Mitarbeiter?

Wer Mitarbeiter in seinem Unternehmen hat, steht bald vor der Frage, wie die Arbeitsplätze gestaltet werden sollen. Und hier kommen noch zusätzliche menschliche Faktoren hinzu, die beachtet werden wollen.
Mache eine Bestandsaufnahme:

- Sitzen alle in einem Raum?
- Gibt es durch die Aufteilung der Räume bereits Hierarchien?
- Hast du als Chefin ein eigenes Büro, in das du dich zurückziehen kannst?
- Oder arbeitet ihr alle in einem Raum ohne Rückzugsmöglichkeiten?

- Sind es hochkomplexe Tätigkeiten, bei der man Ruhe und Konzentration benötigt?
- Oder handelt es sich um Teamarbeit und ständigen Austausch untereinander?

Alle diese Faktoren dürfen in die Planung des Büros und in seine Ausstattung einbezogen werden.
Am besten kontaktierst du ein gutes Planungsbüro, das mit dir zusammen alle Anforderungen im Vorfeld erarbeitet. Dabei entwickelt ihr die perfekte Raumgestaltung in Form von Anordnung, Aufteilung, Farbe, Möbel, Licht und Akustik die dein Unternehmen dann beim Erfolg unterstützen. Ob seriös, innovativ, modern oder kreativ – hier sind der Fantasie (kaum) Grenzen gesetzt – vorausgesetzt es passt zum Unternehmen.

Denn durch die Raumgestaltung zeigen sich Firmenphilosophie, Hierarchie und Miteinander. Es geht also nicht darum, dass in den Räumen noch irgendwo ein zusätzlicher Schreibtisch aufgestellt wird, sondern darum wie das Miteinander im Unternehmen sein soll.

Setzt du dich als Chefin mitten ins Geschehen und hast ständigen Ein- und Überblick. Willst du auch sonst immer die Kontrolle über alles haben? Hast du deinen abgetrennten Bereich, in dem du deine Entscheidungen und Gespräche führen kannst? Damit lässt du auch deine Mitarbeiter eigenverantwortlich arbeiten.

Das persönliche Befinden deiner Mitarbeiter nach räumlicher Sicherheit und Unterstützung ist ebenfalls ein Faktor zur Gestaltung der Arbeitsbereiche. Der eine benötigt einen separaten Bereich, die andere braucht den ständigen Austausch mit Kollegen. Grundsätzlich ist es so, dass Mitarbeiter umso konzentrierter und motivierter arbeiten können, je sicherer sie sich an ihrem Platz fühlen. Stressfaktoren wie Unruhe, Lärm, mangelnde Akustik oder Enge sollten möglichst vermieden werden, da sich dies auf Gesundheit und Arbeitsmotivation der Mitarbeiter auswirkt.

Das viel gepriesene Großraumbüro wird gerade nach und nach zurückgebaut, da es doch viele Nachteile hat. Ursprünglich dachte man, dass die Kommunikationswege leichter und kürzer wären.

Doch mittlerweile weiß man, dass ab einer bestimmten Anzahl von Mitarbeitern die interne Kommunikation zurückgeht und die Stressfaktoren, vor allem Lärm, Geräusche und Ablenkung, steigen.

Es werden mehr Mails an den Kollegen geschickt und weniger persönlich gesprochen, da zu viele andere zuhören. Die Mitarbeiter ziehen sich mehr und mehr zurück. Die akustische Belastung wird höher, viele klagen, dass sich die Ablenkung durch die Kollegen störend auf die Arbeit auswirkt. Somit geht der Trend gerade dahin, dass es wieder kleinere Büroeinheiten gibt, mit separaten Besprechungsinseln und Kommunikationsbereichen.

Wichtig bei der Büroplanung sind auch die Rückzugs- und Regenerationsbereiche für Mitarbeiter, damit ihre Leistungsfähigkeit und Gesundheit erhalten bleibt. Nicht zu unterschätzten ist auch die Wirkung der Bürogestaltung, wenn du neue Mitarbeiter einstellst.
Gerade in unserer heutigen Zeit ist es wichtig, das richtige Team zusammenzustellen und dabei wirkt sich die entsprechende Raumgestaltung auf das harmonische und erfolgreiche Miteinander der Mitarbeiter aus.

So wirkt Raumgestaltung auf deine Kunden

Jeder möchte mit erfolgreichen Unternehmen zusammenarbeiten. Wenn ich einen Porsche kaufe, erwarte ich auch, dass dieser entsprechend präsentiert wird. Ebenso sollen die Räume, in denen ich den Kaufvertrag unterschreibe, ansprechend gestaltet sein. In einer Hinterhofgarage würde das einfach nicht passen (und ich wäre sicher auch nicht bereit, diesen Preis zu bezahlen).

Deine Kunden wollen mit dir erfolgreich zusammenarbeiten, sie wollen Dienstleistungen oder Waren von dir kaufen und du möchtest den angemessenen Preis für deine Leistung bekommen.

Somit müssen deine Räume eine entsprechende Professionalität ausstrahlen. Bist du im kreativen Bereich tätig, sollte sich dein Büro auch so darstellen und nicht alles mausgrau sein (es sei denn, es ist dein Markenzeichen).

Bist du im seriösen Beratungsbereich (z. B. Steuerberater, Versicherungen) tätig, wollen deine Kunden das Gefühl haben, dass ihnen hier jemand gegenübersitzt, dem sie vertrauen können.

Und auch bei Beratungsgesprächen spielt es eine Rolle, wie du mit deinem Kunden zusammensitzt. Ich hatte vor ein paar Jahren ein Kundengespräch, da saß die Kundin an ihrem richtig positionierten Schreibtisch und ich saß ihr auf dem Besucherstuhl gegenüber.

Zwischen uns Akten und Unterlagen. Hier war eine so große Barriere aufgebaut, dass wir am Ende nicht zusammengefunden haben. Achte also auch hier darauf, dass du mit deinen Kunden auf einer Höhe kommunizierst.

Die Gestaltung deiner Räume zieht genau die Kunden an, die du möchtest. Auch hier trifft das Gesetz der Resonanz zu. Ich durfte vor ein paar Jahren eine Frauenarztpraxis gestalten, die nur Privatpatienten behandelt. Und hier war von vornherein klar – die Praxis muss in Bezug auf Gestaltung und Atmosphäre einzigartig werden, da hier nur anspruchsvolle Patientinnen kommen werden.

Hast du ein Ladengeschäft oder Restaurant/Café/Bar? Dann ist auch hier bei der Gestaltung ausschlaggebend, wie du von außen wahrgenommen werden möchtest und welche Kunden zu dir kommen sollen.
Ein anderes Projekt aus meiner Praxis, war die Gestaltung der Vinothek für ein Weingut mit dem Ziel, dass die Wertigkeit des Weines durch die Raumgestaltung noch unterstrichen wird. Du merkst also, die Gestaltung der Räume, in denen wir arbeiten, können uns unterstützen und fördern, sowie das Miteinander unter Mitarbeitern beeinflussen und die Wahrnehmung unserer Kunden leiten.

Büromöbel und Einrichtungsgegenstände kannst du überall kaufen, jedoch kommt es auf die Wirkung an und somit sollte im Vorfeld das Raumkonzept auf deine Persönlichkeit und die deiner Unternehmensphilosophie abgestimmt sein.
Mein abschließender Tipp: Umgib dich nur mit Dingen, die dir auf deinem beruflichen Erfolgsweg guttun, die dich motivieren und stärken. Alles was Energie kostet, lass los. Blicke durch die Brille deiner Mitarbeiter und deiner Kunden:

Wie sehen diese dein Unternehmen? Und dann gestalte es im Außen so, wie du wahrgenommen werden willst und wie es für dich stimmig ist.

Ich sehe meine Aufgabe als Planerin darin, mit meinen Kunden ihre Anforderungen und Bedürfnisse herauszuarbeiten und dann hierfür unverwechselbare Arbeitsräume zu gestalten. So wird die Persönlichkeit gestärkt und die Gestaltung ergibt ein stimmiges Ganzes, die dazu beiträgt, dass das Unternehmen erfolgreich arbeitet und den Erfolg nach außen ausstrahlt.

Jeanette Neidhardt-Rosenberger,

Raumpsychologin, Interior Designerin, Lichtplanerin,
Feng Shui Beraterin

www.raumgeschichten.eu
www.rosenberger-neidhardt.de

Mit Musik und Schwingung zum Erfolg

Autorin: Myriam Cia
www.myriamcia.com

Um dich auf ein Projekt einzustimmen – dich auf den Erfolg zu programmieren – kannst du unterschiedliche Hilfsmittel verwenden. Ob ein Duft, ein Schmuckstück oder ein bestimmtes Kleidungsstück – diese Sachen wirken wie ein Talisman.
Ich zeige Menschen, wie sie mit Musik wieder in Schwingung kommen. Dabei ist Musik für mich der Oberbegriff für Rhythmus, Klang, Melodie und Bewegung.
Musik geht ähnlich tief wie ein Duft – du hörst aus der Ferne einige Takte eines Liedes und schon bist du wieder im Urlaub oder in deiner Kindheit.

Ehe wir in die Musik einsteigen und wie du sie für deinen Erfolg nutzen kannst, lade ich dich zu einem Experiment ein: Kannst du dich noch an deinen Lieblingssong aus deiner Jugendzeit erinnern? Welcher war es? Such dir das Lied aus dem Netz und drehe den Ton voll auf! Was spürst du? Was siehst du vor deinen inneren Augen? Nach einigen Takten wirst du mitschwingen. Fühlst du die Energie der Jugend, wie sie durch deine Muskeln fließt? Hast du schon den Text auf den Lippen und singst mit? Dann genieße das Stück und singe laut mit.

Mein Tipp: Wenn du schüchtern bist, mache die Übung im Auto auf der Autobahn, dann sieht dich niemand. Nur du – und die Weite der Landschaft!

Musik war schon immer ein Begleiter der Menschen

Dass wir mit Musik anders schwingen, das wussten schon die Urvölker auf der ganzen Welt. Saul aus dem Alten Testament wurde durch ein Lied, das David auf einem alten Saitenins-

trument spielte, wieder geheilt. Und im alten Griechenland wusste man, dass Musik die Seele frei macht. Heute gibt es das Fach der Musiktherapie, sie ist ein Teil der Methodik der Psychologie. Sie steht aber auch mit der Pädagogik und der Musikwissenschaft in engem Zusammenhang.
Warum ich dir das erzähle?
Damit es für dich logisch wird, dass Musik, mit ihrer Melodie, ihrem Rhythmus und ihrem Klang weit mehr als nur „schön" ist. Alles hat Wirkung auf unser Körperwasser, das bei jedem Ton beginnt zu schwingen.

Dr. Masaru Emoto's Wasser-Untersuchungen haben gezeigt, dass sich die Reinheit des Wassers in seinen Eiskristallen zeigt. Seine Forschungsarbeiten sind weltweit in unzähligen Büchern veröffentlicht und seine Versuche gehen immer weiter und tiefer. In zehntausenden Versuchen hat Dr. Masaru Emoto herausgefunden, dass Wasser nicht nur gute und schlechte Informationen, Musik und Worte, sondern auch Gefühle und Bewusstsein speichert. Der Mensch besteht zu 70 Prozent aus Wasser und wenn die Qualität des Zellwassers gering ist, dann sind sämtliche Abwehrkräfte des Körpers im Ungleichgewicht. Da macht es doch Sinn, wenn wir uns die Eigenschaften der Klänge und Schwingungen zunutze machen und uns auf den Erfolg einstimmen, den wir verdienen.

In der Musiktherapie gibt es unterschiedliche Wege: den aktiven, in der du selber ein Instrument spielst – wobei es dabei nicht ankommt, ob du es spielen kannst. Es genügt, wenn du dich – frei wie ein Kind – an das Instrument wagst und die Töne entdeckst, die es sich entlocken lässt. So kannst du Ton um Ton anschlagen und lässt seine Wirkung auf dich, deinen Körper und deine Seele nachspüren. Dazu dienen unterschiedliche Klangschalen ganz wunderbar, aber auch Trommeln, Zimbeln und andere Musikinstrumente.
Der zweite Weg ist die passive Musiktherapie, in der du bestimmte Musikstücke hörst und so beginnst, innerlich zu schwingen. Es gibt auch die Klangbetten und die Kristallbetten, wo du auf einem Klangkörper liegst, der vom Therapeuten in Schwingung gebracht wird. So kannst du dich in den Klang und die Vibrationen fallen lassen und deinen Geist frei machen vom Stress des Alltages.
Bei beiden Varianten geht es nämlich darum, dass du an deine Emotionen kommst, um dich wieder zu spüren.

Das bewirkt, dass du aus dem Kreislauf von Stress aussteigst. Da Stress auch unterschiedliche körperliche Missstimmungen hervorruft, dient Musik ganz wunderbar dazu, diese wieder zu harmonisieren.

In den letzten zwanzig Jahren wurde auf dem Gebiet der Musiktherapie sehr viel geforscht. In Zusammenarbeit mit Neurologen und Psychologen wurden viele neue Erkenntnisse für die gesundheitliche Verbesserung der Menschen gewonnen. Gerade in Bezug auf Stress und innere Disharmonie im Körper, Geist und Seele ist sie ganz wunderbar anzuwenden. Denn ein hoher Stressfaktor ist sehr oft ein Verhinderer von Erfolg. Wir laufen dann nur mehr im Kreis, unsere Gedanken rasen und wir sind nicht mehr in der Lage, uns auf die wichtigsten Schritte zu fokussieren.

- Die Muskelspannung wird reduziert.
- Die Herzfrequenz und der Blutdruck werden reguliert und eingestimmt.
- Der Stresshormonspiegel sinkt.
- Unser Atemrhythmus harmonisiert sich und wird wieder tiefer.
- Dadurch sinkt der Sauerstoffverbrauch und der Stoffwechsel wird gefördert.
- Das Schmerzempfinden wird weniger.
- Angst nimmt ab.
- Das Selbstvertrauen nimmt zu.

Was aber macht Musik aus?

Musikstücke bestehen aus unterschiedlichen Bestandteilen. Da ist einmal die Melodie, die nehmen wir gleich wahr und danach entscheiden wir, ob uns das Musikstück gefällt oder nicht. Doch nicht immer muss Musik eine Melodie haben. Manchmal besteht sie auch nur aus Rhythmus und Klang. Wie zum Beispiel bei einer Trommel. Eine Trommel hat mit ihrem Klang eindeutige Wirkung auf unser Herz und damit auch auf den Puls. Ein kräftiger Trommelschlag vermag uns aufzuwecken, ganz wach zu machen. Trommeln unterstützt auch Kinder, damit sie soziale Kompetenz erlangen oder

überschüssige Aggressionen abzubauen. Ein leiser zögerlicher Schlag macht uns ruhig und gar müde. Es gibt viele Meditationen, die über den Klang der Trommel in die Entspannung führen.
Schon die Naturvölker nutzten die Kraft der Trommel, um Menschen in Schwingung zu setzen. Der Mediziner, meist Schamane genannt, sprachen auch über den Klang der Trommel mit der sogenannten Anderswelt, um mit den Ahnen oder Geistern zu sprechen. So konnten schon manchmal die Schwingungen positiv verändert werden und die Patienten gesundeten. Wer also trommelt, drückt seine Emotionen aus. Probiere es gleich aus und trommle.

Klang entsteht aber auch, wenn wir singen. Klang hilft uns auch, unser Raumbewusstsein zu stärken. Wie laut muss ich singen, dass man mich bis ganz hinten hört? Kommen Kinder in einen Saal, beginnen sie laut schreiend von einer Wand zur anderen zu laufen. Das mag für die Erwachsenen nervig sein, jedoch erfassen die Kinder durch diese Aktion den Raum. Ihr Ohr lernt anhand des Schalls, der wieder zurückkommt, wie groß das Raumvolumen ist. Im Grunde liegt hier der erste Grundstock für die Mathematik. Denn Musik und Mathematik liegen dicht beieinander.
Hast du schon einmal eine Klangschale angeschlagen und dir die Zeit genommen, dem Klang bis zu seinem natürlichen Ende nachzugehen? Der Klang wird zum Ton und der schwebt noch sehr lange im Raum. Erst ist er vom Ohr hörbar, dann nur mehr über die Schwingung zu fühlen. Die Kraft reinen Klanges ist sehr stark. Klänge bewegen unsere Seele, die Psyche und unsere Gefühle. Er kann dich aufwühlen oder beruhigen.

Musik besteht aber auch noch aus Rhythmus. Und der ist verbunden mit Zeit. Die ganze Welt schwingt im Rhythmus von Tag und Nacht, von der einen Jahreszeit zur anderen. Wir Menschen reifen von der Jugend zum Alter und jedes Geräusch wandelt sich zur Stille. Durch diese Veränderungen fühlen wir, dass die Zeit vergeht. Wenn wir Klang mit Rhythmus vergleichen, dann ist Klang raum- und endlos, Rhythmus gibt ihm dann die Struktur.
Klang und Rhythmus ist Natur, der Wind schlägt den Ast an den Felsen, der Bach gluckert und plätschert in seinem Rhythmus dahin. Wenn du dich auf einer Wiese hinlegst oder dir im Wald ein schönes Plätzchen suchst und ruhig wirst,

wirst du bald unzählige Klänge der Natur wahrnehmen. Die Natur schwingt langsam und gemächlich – und du wirst ruhiger, du lauschst. Der Mensch hat in Urzeiten die verschiedenen Töne der Tierarten übernommen und angefangen, diese zu imitieren. Man imitierte Vogelgezwitscher, das Heulen der Wölfe und alle anderen Laute, auch um die Tiere für die Jagd anzulocken. Daraus entwickelten sich dann die ersten Melodien und Lieder. Geschichten wurden nicht nur erzählt, sondern auch gesungen. Geschichten in Form von Melodie und Text, speichert sich im Hirn viel besser ab, als es nur Texte können. Die Aborigines in Australien haben so ihre Geschichten und die Entstehung der Erde von Generation zu Generation weitergegeben. Erst der Mensch brachte die Melodie mit seinen Musikstücken, die er singt.
Obwohl schon die Schamanen sangen, waren das keine melodischen Lieder, wie sie erst später in der Geschichte erzeugt wurden. Es waren Klänge und Laute, die sie von den Naturgeistern empfangen haben. Später wurde gesungen, um die Götter zu huldigen und zu lobpreisen. Lange Zeit war auch das Singen zum Vergnügen für Frauen verboten, da es als unrein galt.

Schamanische Musik, die mit ihrer monotonen Abfolge von Tönen beruhigt, ist so ganz anders als ein Lied, das in einer bestimmten Tonabfolge immer wieder auch Änderungen mit sich bringt. Auf diese Art und Weise führen uns die Töne tiefer und tiefer zu uns.

Menschen, die nur arbeiten,
finden keine Zeit zum Träumen.
Nur wer träumt, gelangt zur Weisheit.
Smohalla, Nez-Percè-Häutling
(Aus dem Buch „Die Gesänge der heiligen Berge“)

Mit unserer Stimme die Seele befreien

Ob du gut gestimmt bist oder nicht, ob du unter Stress stehst oder Angst hast – man hört es an deiner Stimme. Deine Stimme kann deine gesamte Gefühlswelt zeigen. Sie kann gepresst klingen, oder dünn, klein oder vollmundig. Je nachdem wirkt sie dann auf andere Menschen oder aber auch Tiere. Wenn du viel mit deiner Stimme arbeitest, wie zum Beispiel Lehrer oder Speaker, dann empfehle ich dir nicht nur ein professionelles Stimmtraining, sondern auch ein Musiktraining. So bekommt deine Stimme schliff, aber auch Melodie und du wirst eine charismatische Ausstrahlung erhalten. Gerne kannst du auch zu meinen Klangnachmittagen (oder Seminaren) kommen, um mit Musik, Klang und Rhythmus zu experimentieren, und die Wirkung auf deinen Körper oder deine Seele erfühlen.

Wenn du zu mir kommst, entdeckst du deine eigene Stimme, deine Musik, die in dir wohnt. Und du entdeckst deine ureigenste Rhythmik und Bewegung. Bei mir darfst du dich ausprobieren und experimentieren. Mit Trommeln, singen und tanzen, egal, was dich genau im Augenblick anspricht, es wird dich lebendig machen. Manchmal machen wir energetische Übungen, Wirbelsäulenaufrichtung und verabschieden alte Blockaden und Ängste. So kann Heilung auf ganzer Ebene geschehen.

Meine Vision ist es, ein Haus voller Musik und Gesang zu führen. Ein Bauernhaus im Emmental mit viel Platz und Freiheit. Verbunden mit der Kraft der Natur und der Ruhe. Wenn wir uns die Musik, unsere Stimme und unseren Klang wieder ins Leben holen, werden wir die Welt zu einem gesanglichen Tempel machen. Und wir werden andere mitnehmen: denn - jeder Mensch kann singen oder musizieren.

Klang wirkt auf deinen feinstofflichen Körper

Die Schwingung und Energie des Klanges wirkt auf den Organismus und all seine Schwingungsebenen reinigend und ordnend. Der Klang folgt den Bahnen, die durch unseren Körper und unseren Organismus laufen. In der traditionellen chinesischen Medizin und dem Shiatsu nennt man sie Meridiane. Klang kann aber auch unsere Energiezentren reinigen, diese nennt man bei den Indern Chakren. Die Chakren zeigen die feinstofflichen Energien eines Wesens und können durch unterschiedliche Tonhöhen angesprochen werden. So „summen" die indischen Mönche mit bestimmten Tönen ihre Chakren an und harmonisieren sie. Unser Körper besteht ja nicht nur aus unserer feststofflichen Hülle, sondern auch aus feinstofflichen Strukturen. Diese fühlen die Klangschwingungen viel früher, als sie unser Bewusstsein wahrnehmen. Blockaden im feinstofflichen Körper können durch Schwingungen von Klang, Rhythmus oder Melodie in Bewegung gesetzt werden und verändert ihre Wirkung auf den Stoffwechsel, letztendlich aber auch auf den feststofflichen Körper.

Hole dir ein Stück Musik in den Alltag

Meine Gabe ist es, Menschen durch Gesang und Musik zu berühren. So entsteht ein unsichtbares Band der Liebe, das sie wieder mit ihrem Herzen in Verbindung treten lässt. Wenn das Herz geheilt ist, wird es offen für die Liebe. Durch die ihre eigene Körperweisheit kommen sie in ihre Mitte und innere Kraft. Durch meine tiefe Stimme kann ich Klänge und Schwingungen erzeugen, die Menschen tief in ihrer Mitte berühren. Im Herzen fühle ich mich also wie eine singende Schamanin, ausgestattet mit Trommel, Monochord, Gitarre, Didgeridoo und allem, was die Seele jubilieren lässt. Die Menschen, die zu mir kommen, erfahren ihre eigene innere Stärke, Kraft und Stabilität neu.
Meine Vision ist es, dass alle Frauen, Kinder und Männer ihr echtes authentisches Ich leben können, frei von Blockaden, Ängsten und fremden Wahrheiten. Ich wünsche mir von ganzem Herzen, dass alle Menschen wieder anfangen zu singen und zu musizieren.
Und wann machst du den ersten Schritt?

Deine

Myriam Cia

www.myriamcia.com

Die Weisheit der Göttin

Autorinnen: Serina und Shia'Merina,
www. lebe-deine-weiblichkeit.com/webinar-anmeldung

Du stehst an einem Neuanfang im Leben. Das ist es immer, wenn du dir Bücher wie dieses auswählst. Dies geschieht völlig intuitiv, denn du findest neue Gedanken und neue Perspektiven, wie du deine Reise ab jetzt gestalten möchtest. Wir freuen uns so sehr, dass du den weiblichen Weg zu deinem Erfolg gehen möchtest. Die weibliche Kraft ist etwas ganz Besonderes!

Jede Frau trägt diesen göttlichen Funken in sich, der geweckt werden möchte. Stellen wir uns das mal bildlich vor, was für ein wundervolles Leben wir hier auf der Erde haben können, wenn sich die Vision erfüllt und alle Frauen in ihre weibliche Kraft kommen. Es ist so wichtig, dass wir Frauen wieder das Zepter in die Hand nehmen, wir sind aufgerufen zu führen. In der Liebe und mit den weiblichen Qualitäten, gehen wir voran. Wir werden auch die Männer wieder in ihre ursprüngliche Kraft begleiten, damit der Mann auch wieder Mann sein kann und darf.

Wir Menschen sind so viel größer, als wir denken oder es uns jetzt noch vorstellen können. Langsam erwacht die Welt und das Bewusstsein der Menschen erhöht sich. Für die alten Völker war es normal, in Harmonie mit dem Universum und im Einklang mit der Natur zu leben. Dieses alte Wissen und die Weisheit wurden über Generationen erhalten und an die Nachkommen weitergegeben.

Es ist so wichtig, das Leben in all seinen Formen zu achten und es wert zu schätzen. Lasst uns in Verbindung gehen mit unserer weiblichen Kraft. Hören wir auf unsere Intuition, nehmen wir intuitiv wahr, was uns gerade guttut und welche Nahrung wir brauchen, um unseren weiblichen Körper und unsere Seele glücklich zu machen.

Lasst uns wieder auf unsere innere Stimme hören. Wir sind aktuell in diesem Jahr 2020 im Januar in das neue Zeitalter eingetreten. Nun hat das Goldene Zeitalter begonnen, wo es um Schwingungserhöhung geht. Dabei werden ständig unsere Energien und Schwingungen erhöht. Auch unsere Körperorgane werden anders funktionieren. Was kannst du jetzt selbst dafür unternehmen, dass sich deine Schwingung erhöht?

„Jedes Mal, wenn du aufhörst, etwas zu tun, was du nicht tun willst, um etwas zu tun, was du tun willst, hast du die Schwingung schon erhoben."

Jede Frau hat auch eine innere Heilerin. Wie ist sie bei dir aktiviert? Hörst du, was sie dir sagt? Sie berät dich bei deinen Selbstheilungsthemen. Und wir Frauen können auch anderen helfen, damit sie heilen können. Wir empfingen eines Tages eine Vision, in der wir erkannt haben, wie wichtig es ist den Frauen zu helfen, wieder in ihre Kraft zu kommen. Die Vision wurde uns damals genauso übermittelt:

„Wenn jede Frau wieder in ihre göttlich weibliche Kraft kommt und anfängt sich selbst und ihre Umgebung zu heilen, sind wir im goldenen Zeitalter angekommen."

Die Energie der weiblichen Kraft

Das neue Zeitalter hat gerade erst begonnen und es gibt unendlich viel Aufklärungsarbeit über die neuen Energien und besonders für die Transformationsarbeit mit der Gebärmutter.

Uraltes Leid und die traumatische Geschichte der Frauen haben dazu beigetragen, dass sich Frauen von ihren Gefühlen und ihrer sexuellen Kraft abgespalten haben. Ihre Gebärmutter ist verschmutzt und vom Kontakt sowie der Energie des Kosmos abgeschnitten. Befindest du dich aber in deiner weiblichen Kraft, ist deine Gebärmutter direkt mit dem Universum verbunden.

So kannst du deinen Körper und dich selbst mit kosmischer Energie erfüllen, Energien transformieren, einen Fötus entwickeln und dir einen Schutz aufbauen.
Bist du in deiner Weiblichkeit, sorgst du mit dieser Energie für das Wohl deiner Familie und nährst sie mit deiner Kraft. So fließt alles im Gleichgewicht – deiner Familie geht es

finanziell gut, dein Mann übt erfolgreich seinen Beruf aus, deine Kinder sind gesund, glücklich und zufrieden.
Du selbst lebst deine Kreativität aus dir heraus und hast Zeit und Muße für eigene Projekte. Dabei lebst du deine Sinnlichkeit und hast ein erfülltes Sexualleben. Das Leben bereitet dir Freude und du meisterst es in Leichtigkeit.
Hast du keinen Partner, investierst du deine weibliche Kraft in persönliche Ziele. Du sorgst für deine eigene Verwirklichung und die deiner Träume. Intuitiv lässt du dich durch das Leben führen. Du befindest dich im Flow.

Die weibliche Kraft der Frau hat ihren Sitz im Becken. Dort hat auch die Geburtskraft-Göttin ihr Zuhause. Jede Frau sollte fest mit ihrer Göttin verbunden sein, da diese die Verbindung zum Universum aufbaut, sowie die Gebärmutter mit kosmischer Energie versorgt. Wenn diese Verbindung vorhanden ist, kannst du dich immer wieder selbst mit Energie und Kraft aufladen und deine Gebärmutter befindet sich im Selbstreinigungsmodus. Gleichzeitig verbindet die Göttin dich auch mit der Erde.

Hole dir die Weisheit deiner Geburtskraft-Göttin

Wenn du deine Göttin entdeckt und wieder in deinen Körper integriert hast, strahlst du hell. Du bekommst eine neue Ausstrahlung und auch dein Aussehen verändert sich. Deine Geburtskraft-Göttin erinnert dich, welche geöffneten Energiebahnen du auf diese Welt mitgebracht hast. Sie gibt dir Auskunft, welche Lebensaufgabe du hast und warum du diese erfüllen sollst. Ihre Kraft fließt bis zu deinem physischen Tod durch dich. Sie stellt alle Verbindungen her, die es braucht, um Himmel und Erde zu verbinden.

Sie verfügt über uraltes Wissen und berichtet dir darüber. Gerne nimmt Serina Kontakt mit deiner Geburtskraft-Göttin auf und verbindet sie mit dir.

Befindest du dich in deiner weiblichen Kraft, dann bist du mit einer schönen Blume vergleichbar.

Eine Blume kann aber nur ihre Schönheit und ihren Duft entfalten, wenn bereits die Wurzel kräftig und gesund ist. Die Wurzeln von uns Frauen sind eng mit den Ahnenthemen

verbunden. Hier befinden sich oftmals Traumata, die sogar zu Krankheiten führen können. Wurden die Wurzeln der Frau nicht „entknotet“ und gereinigt, kann die kreative Energie vom Unterleib, der wiederum mit dem Halschakra verbunden ist, nicht richtig fließen. Das bedeutet: Die Frau kann nicht richtig erblühen. Du kannst dir das wie bei einer Blume vorstellen: Wurzeln – Stil – Blüte.
Wenn die Energie der Frau nicht richtig fließt, wirkt sie geknickt und ist weder in ihrer Kraft, noch in ihrer Freude. Oftmals wechseln die Frauen dann in eine männliche Energie.

Hole dir den Schutz deines Krafttieres

Krafttiere sind Seelenführer und begleiten uns von Geburt an und sie wählen dich. Jedes Tier hat besondere Merkmale und Fähigkeiten. Wenn du dich mit deinem Krafttier verbindest, beschützt es dich und verleiht dir besondere Fähigkeiten und Eigenschaften. Es schenkt dir Mut und Stärke, begleitet dich und steht dir mit Rat und Tat zur Seite. Es ist immer für dich da, wenn du es brauchst. Möchtest du dich mit deinem Krafttier verbinden, verbindet Shia'Merina dich mit deinem Krafttier.

Die Kraft der männlichen Energie

Wir Menschen haben immer beide Energien in uns. Doch die meiste Energie sollte dort liegen, wo wir geschlechtlich geboren sind. Wenn Frauen also lange Zeit von ihrer weiblichen Energie abgeschnitten sind, steigen sie in die Fußstapfen der Männer. Sie arbeiten ‚hart' für ihre Karriere. Sie arbeiten teilweise weitaus mehr als Männer. Sehr oft versorgen sie ‚nebenbei' noch die Familie, kümmern sich um den Haushalt, unterstützen vielleicht sogar noch ihre Männer. Am Ende bleibt für sie selbst keine Zeit mehr.

Versteht uns bitte nicht falsch. Der männliche Anteil in uns ist ganz wunderbar, denn der männliche Teil steht für MACHEN, ERSCHAFFEN, ETWAS ERREICHEN. Dieser Teil ist wirklich wichtig – allerdings ist es genauso wichtig, dass wir nicht dauerhaft in die männliche Energie gehen oder gar dort leben, sondern immer wieder in unsere weibliche Kraft finden.

Wenn du zu lange in der männlichen Energie bist

Was passiert, wenn du zu lange und immer mehr und mehr ins männliche Prinzip rutscht? Irgendwann fühlst du dich komplett ausgebrannt, einfach am Ende. Wenn du da nicht aufpasst und die sogenannte „Reißleine" ziehst, findest du dich irgendwann in der Depression wieder oder dein Körper reagiert nicht nur mit Schmerz, sondern mit Krankheit.
Achte doch mal auf deinen Körper. Ist dir bewusst, dass du schon seit einiger Zeit Zeichen von ihm bekommst? Er zeigt dir genau auf, dass er so nicht mehr weitermachen kann, aber du ignorierst das, vielleicht, weil du dir denkst: Ich kann ja gar nicht anders, ich muss mich doch um die Familie, ich muss mich doch um dieses und jenes kümmern ...

Sagt die Seele zum Körper:
Sag's du ihr, auf mich hört sie leider nicht.

Selbst wenn dein Körper nicht mit Krankheit reagiert, was kann dann passieren? Stell dir vor, du bleibst weiterhin in deinem Hamsterrad. Wie sieht dann dein Leben in 5 oder gar in 10 Jahren aus? Was versäumst du bis dahin?
Wie sieht es denn im Moment mit deiner Freizeit aus?

Wann hast du Zeit, dich mit guten Freunden zu treffen oder mal einen richtigen Mädelsabend zu genießen? Wann nimmst du dir Zeit für ein gutes Buch, für wundervolle Frauenseminare oder für ein wohltuendes Bad?

Deine Jahre verfliegen und bis du es bemerkt hast, kann es zu spät sein. Möchtest du dich wirklich ausgeschlossen fühlen? Denn, wenn du für deine Freunde keine Zeit hast, werden sie dich irgendwann einmal nicht mehr fragen, ob du Lust hast, mit ihnen Essen zu gehen, ins Kino oder Tanzen zu gehen.

Und irgendwann hast du den Punkt erreicht, in dem dir absolut nichts mehr im Leben eine Freude bereitet. Du bist innerlich so abgestumpft, dass dich die schönsten Dinge nicht mehr erfreuen.

Du stehst morgens auf, um zu funktionieren und um deinen Tag irgendwie herumzukriegen, und am Abend fällst du todmüde ins Bett.

Ist das wirklich das Leben, das du dir einmal erträumt hast? Viele Frauen versuchen, sich einzureden: Wenn mal die Kinder aus dem Haus sind, oder wenn ich einen anderen Job, einen anderen Partner habe usw. – ja, dann wird mein Leben viel besser. Wir können dir aus eigener Erfahrung sagen, dass dies nie der Fall sein wird, wenn du nicht jetzt ein besseres Leben führst, vollgefüllt mit Freude und Spaß. Damit bleibst du agil bis ins hohe Alter.

11 Tipps für ein Leben in weiblicher Kraft

In unserer eigenen Geschichte und unserer Arbeit mit Frauen haben wir an Hand der größten Versäumnisse elf Tipps herausgefunden, die dich unterstützen, in deine weibliche Kraft zu kommen.

1. **Tipp: Richte deine Gedanken auf Schönheit, Weiblichkeit, Kraft und Stärke aus**
   Fühle in den nächsten Tagen morgens und abends in dich rein und stell dir vor, wie du dich in deiner vollen weiblichen Kraft befindest, du immer mehr aufblühst und alles erreichst, was du als Frau erleben möchtest.

2. **Tipp: Entfache dein Feuer der Leidenschaft für dich selbst**
   Brennst du für dich? Würdest du alles für dich tun? Schließe deine Augen und spüre in dich hinein, ob genügend weibliche Essenz da ist und ob dein Feuer brennt.

3. **Tipp: Investiere in dich und glaube an deine Größe**
   Was wurde dir in der Kindheit vorgelebt? Hast du gelernt, dass deine weiblichen Vorfahren alles in die Männer „gesteckt" haben? Denn sie sind ja das Oberhaupt der Familie. Gibst du dein Geld gerne für deine Kinder oder für andere Menschen in deinem Umfeld aus – vergisst dich selbst aber komplett dabei? Mache dir selbst eine Freude! Fühle deine Bedürfnisse und erkenne, welch wunderbare Frau du bist!

4. **Tipp: Nimm Kontakt mit deinem Körper auf**
   Spür in deinen Körper hinein. Welche Botschaft hat er für dich? Erspüre auch deine Sinnlichkeit bei der täglichen Körperpflege – nimm dir Zeit für deinen Körper und verwöhne ihn. Unterstützen kannst du das Ganze auch, wenn du Blumen und Bäume berührst oder indem du eine außergewöhnliche Frucht zu dir nimmst.

5. **Tipp: Beschäftige dich mit deinem Seelenreichtum**
   Wann nimmst du dir Zeit für dich und hörst dir zu, was deine Seele dir zu sagen hat? Notiere dir auch, was für dich Reichtum bedeutet. Dazu gehört alles, was Reichtum zu bieten hat. (Geld, Beziehung, Gesundheit usw.)

6. **Tipp: Lerne, an dich selber zu denken und dich gut dabei zu fühlen**
   Versteckst du neue Kleider oder neue Schuhe, weil

du Schuldgefühle hast, Geld für dich auszugeben? Verlierst du sogar die Freude an den neuen Kleidern, weil deine Schuldgefühle zu groß sind? Gönnst du dir immer mal wieder eine Kosmetikbehandlung oder erlaubst du dir, ein Wellness-Wochenende für dich in Anspruch zu nehmen? Traust du dich, ein spirituelles Seminar zu besuchen? Oder denkst du, dass du dir das nicht wert bist? Dass die Anderen wichtiger sind? Nimm dir ZEIT für dich! Erlaube dir eine Auszeit, in der es nur um dich und deine Bedürfnisse geht. Und lerne, diese Zeit oder dieses Geld, das du in dich investiert hast, auch zu genießen.

7. **Tipp: Löse deine Ängste auf**
   Nimm dir einen Zettel oder einen Stift und schreibe dir alles auf, was dir in Bezug auf „Frau Sein" und „Weibliche Größe" Angst macht.

8. **Tipp: Stifte Wert für andere Menschen**
   Überlege dir, welche „gute Tat" du jeden Tag erfüllst, um dem Universum für die Fülle zu danken.

9. **Tipp: Such dir professionelle Unterstützung, individuell auf dich abgestimmt**
   Wir selbst gingen diesen Weg vor vielen Jahren, und wir dachten am Anfang, dass wir es allein schaffen. Aber – wir selber sehen unsere Fehler, Hindernisse oder Blockaden nicht, dazu braucht es unbedingt eine professionelle Unterstützung. Vergeude also nicht deine wertvolle Lebenszeit – starte JETZT in dein NEUES LEBEN und hole dir deine Wegbegleiterinnen.

10. **Tipp: Bleib am Ball**
   Wie oft in deinem Leben hast du dir schon gedacht: Morgen starte ich neu? Du hast vielleicht tolle Seminare besucht, bist voller Motivation nach Hause gegangen und hast dir vorgenommen: Ab morgen ändere ich alles, setze ich alles um! Du tust es vielleicht ein, zwei, drei Tage. Aber dann fällst du wieder in dein altes Muster zurück. Du schiebst es auf die Arbeit, den Stress im Alltag, auf den Tag, der heute einfach nicht optimal ist usw. Und was passiert dann? Du fällst wieder in deine Opferrolle zurück und denkst dir, das bringt doch alles nichts. DOCH – es bringt dir etwas, darum bleibe dran!

Darum sind auch Expertinnen wichtig, die dich wieder „ins Gleichgewicht“ bringen.

11. **Tipp: Komme ins Tun**
    Wir sind der Überzeugung, dass wir auf dieser Welt sind, um Freude und Spaß zu haben. Wir sollen das Leben in vollen Zügen genießen. Darum ist es für dich so wertvoll, dass du die Balance in deinem Leben findest und in deine weibliche Kraft kommst. Das gelingt dir, wenn du Zeit für dich hast. Also – gönne dir Zeit und Freude in deinem Leben. Sei es dir wert und gebe Aufgaben an andere ab. Denke bitte endlich an dich. Lebe das Leben, das du dir einmal erträumt hast. Und eins ist noch ganz wichtig: lache mindestens einmal am Tag so richtig herzhaft! Wenn du wirklich was ändern willst, darfst du endlich ins TUN kommen.

Erlaube dir, wieder mit Freude Frau zu sein, und erwecke die Weiblichkeit in dir.
Wir wünschen jeder Frau ein Leben in voller weiblicher Kraft!

In Liebe

Serina und Shia'Merina

www. lebe-deine-weiblichkeit.com/webinar-anmeldung

Wer schreibt hier? Serina und Shia’Merina

Wir selbst sind vor vielen Jahren in einem Burnout gelandet und wussten seinerzeit nicht, wie wir unser Leben verändern sollen und können. Wir sind viele Umwege gegangen, sind immer wieder in ein Loch gefallen, bis wir endlich die richtige Unterstützung gefunden hatten.

Unser großer Wunsch heute ist es, den Frauen diese Umwege zu ersparen und ihnen die Hilfe zukommen zu lassen, die sie so dringend benötigen. Wir sind als Pionierinnen den Weg vorausgegangen und haben viele Erfahrungen gesammelt. Bevor wir uns kennenlernten, hatten wir einiges erlebt, viele Hürden überwunden, viele Blockaden gelöst und viele Steine aus dem Weg geräumt. Jede von uns hat zahlreiche Ausbildungen absolviert – anfangs nur für uns selbst.

Dass daraus einmal eine Berufung werden könnte, war uns zum damaligen Zeitpunkt nicht klar. Mit der Zeit sind wir jedoch beide an einem Punkt angelangt, an dem wir uns gegen unseren damaligen Job und für die Selbstständigkeit entschieden hatten. Es hat noch einige Zeit gedauert, bis sich dann unsere Wege kreuzten und wir bemerkten, was wir erreichen können, wenn wir unsere Erfahrungen und unser Wissen bündeln. Wir kannten uns erst kurz und doch wagten wir den Schritt, ein gemeinsames Unternehmen zu gründen, welches wir Serina und Shia'Merina nannten, power and healing for women.

Die Namen Serina und Shia'Merina sind unsere Ursprungsnamen, die uns unsere kosmischen Eltern gegeben haben. Serina bedeutet: Goldenes Heillicht und Shia'Merina bedeutet: Heilende Botin. Die Lebensaufgabe von uns beiden ist es, Frauen wieder in ihre weibliche Kraft zu bringen. Da wir einige hundert Kilometer auseinanderwohnen, unterstützen wir unsere Kundinnen mit unseren Online-Programmen.

Lebe deine Weiblichkeit

Wie sprichst du mit dir selber? Wie gehst du mit deinem Körper um? Wie nimmst du Kontakt zu ihm auf? Fühlst du dich in deiner Wohnung wohl? Erlaubst du dir, Sinnlichkeit zu leben? Wie wirkt sich die Kraft deiner Weiblichkeit auf deine Partnerschaft aus?

Und wie kannst du eine glückliche Partnerschaft führen?
Auf alle diese Fragen bekommst du in unserem Online-Programm „Lebe deine Weiblichkeit" Antworten. Wir klären auf, lösen etwaige Verstrickungen zu den Eltern und Ahnen, widmen uns der Arbeit mit dem inneren Mädchen und beschäftigen uns intensiv mit unserem weiblichen Körper.

Eine besondere Energie entsteht, wenn wir gemeinsam im Seminarzentrum von Shia'Merina in Hausham mit Frauen Seminare und Retreats veranstalten. Diese Zeiten sind so nährend in reiner Frauenkraft, es ist wundervoll, mit welcher Wertschätzung, Achtung, Respekt und äußerst liebevoll sie einander begegnen.

Powernahrung für dich und deinen Erfolg

Autorin: Nilufar Zand,
www.nilufar-zand.de

Erfolg kommt, weil du empfangen darfst!

Es kommt der Tag, an dem du es satthast, immer wieder an die gleichen alten Begrenzungen zu stoßen. Im Außen sehen viele deine Erfolge, deine Ausstrahlung und deine Lebensfreude. Und du weißt gleichzeitig: Da ist noch so viel mehr in dir.
Die Göttin will endlich leben, die unendlich machtvolle Schöpferin, die alles in Leichtigkeit und Lichtgeschwindigkeit manifestiert.
Um das zu tun, musst du ‚springen', also wagemutig sein, jeden Tag wieder. Raus aus der gewohnten Rolle, rein in den Sprung in dein höchstes Potential. Du lernst, den Kontakt zu deiner Seele selbst aufzunehmen und sie immer mehr in deinen Körper und dein Leben einzuladen! Spätestens ab jetzt werden dein Leben und dein Business zu einem Fest!

„Dehne Dich in deinem Körper aus, lasse den Kanal für deine Seele weit werde, und so dehnst du dich auch aus in deinem Tun!"

„There is no limit to happiness"

Wenn du seelengeführt lebst, nutzt du deine Intuition für die effektivste und leichteste Planung! Deine Seele weiß, wofür du hier auf dem Planeten bist, deine Seele weiß immer ganz genau, was jetzt gerade das Beste für dich ist. Du bist hier, um zu lernen, zu wachsen, zu schaffen und zu kreieren. Und das alles in sinnlicher Freude und Leichtigkeit.
Der tiefe, innige Kontakt zu deiner Seele wird dich öffnen. Dein Herz, deinen Schoß, deinen Scheitel. Du kannst endlich in deiner Selbstliebe baden. Und wirst empfangsbereit für die vielen Geschenke des Lebens.

Auch deine Empfangsbereitschaft für finanziellen Wohlstand wird sich erhöhen, genau wie für die Liebe und die körperliche Gesundheit. Letzten Endes ist Geld auch eine Form der Liebe. Du darfst jetzt empfangen. Alles und mehr. Lass dich ein auf deine Seele und spring! Dann wird dein Leben magisch. Zuallererst darfst du dich darauf einlassen, dass es deinem Verstand nicht immer logisch erscheint, was dir deine Seele mitteilt. Überlass ihr die Führung und spring! Sie ist deine kraftvollste Instanz, deine höchste Energie. Mit ihr kommst du in deine höchste Energie.

Und jedes Mal, wenn du auf sie hörst, jubiliert sie und deine Energie steigt noch mehr. So wird dein Leben magisch. Dinge, Menschen und Ereignisse fliegen dir ganz leicht zu. Dein Verstand ist ein wundervoller Gefährte, er führt Befehle aus. Aber mit einer Führungsrolle ist er wirklich völlig überfordert. Lass deine Seele, mit deinem Verstand tanzen, das bringt so viel mehr Spaß!

Auch rein logisch betrachtet: Je mehr du seelengeführt lebst, desto freudiger und hochschwingender bist du. Und so ziehst du die richtigen Umstände in dein Leben. Nur so hast du auch den Mut die Chancen für dich zu erkennen und wahrzunehmen!

Und wenn es da eine Stimme in dir gibt, die das alles zu schön findet, um wahr zu sein, dann lade ich Dich ein hier weiterzulesen.

Deine Lebensenergie ist Anfang und Ende deines Lebens

Erfolgreich dein eigenes Leben und Business zu leben, heißt, ständig aus dir zu schöpfen. Gesundheit, Kraft und Ausdauer sind Grundvoraussetzungen für dein Sein und Wirken und für dein glückliches und erfolgreich geführtes Leben.

„Energy is all there is“

Nimm dir dein Schreibheft und beantworte diese Fragen. Sie bringen dich ein Stück näher zu dir:

- Wie fühlt es sich für dich an, voller Leben und Energie zu sein? Beschreibe das Gefühl. Wie fühlt es sich in deinem Körper an?
- Fühlst du dich wie eine Göttin, die ihre Träume manifestiert?
- Was kannst du tun, damit du dich in deiner absoluten, göttlichen Kraft fühlst?
- Wie würde dein Leben aussehen, wenn du deinen Impulsen wirklich folgen würdest? Egal, was andere sagen oder denken?

Wie du in deine Lebensenergie kommst? Ich empfehle dir, ALLES zu nutzen: Geist, Gefühle, Körper. Beziehe alles in dein Leben ein, das sorgt für fantastische Synergieeffekte!

Hier möchte ich dir gerne von Claudia (Name geändert) erzählen: Als wir einander kennenlernten, hatte sie neben ihrer Arbeit in der Welt der Designagenturen schon jahrelang viel Heilungsarbeit gemacht. Von sich selbst sagte sie, dass ihr Verhältnis zu ihrer Weiblichkeit noch nicht geheilt sei, und sie auch das Gefühl hatte, nicht richtig auf der Welt angekommen zu sein. Wir haben einige Monate intensiv zusammengearbeitet, mit wöchentlichen Treffen und Übungen für zwischendurch. Auch auf der körperlichen Ebene sorgten wir für mehr Reinigung und zusätzliche Nahrung. Für Claudia war die Heilung der eigenen Geburt einer der Höhepunkte, ein anderer war es, als wir ihre archetypischen Qualitäten integrierten.

Das wirkliche Fühlen war oft herausfordernd, alter Schmerz wollte gesehen werden. Die Belohnung war groß: Schon wenige Monate später war Claudia aus der schon so lange verhassten Arbeitswelt ausgetreten und hatte ihr eigenes Business gegründet! Auch ihre Ausstrahlung hatte sich ein halbes Jahr später komplett verändert. Aus dem sensiblen Mädchen war eine magische Königin geworden!

Die Energien des Planeten steigen, immer mehr Menschen erwachen im Hier und Jetzt. Sie erkennen, dass auch ihre Hellsinne erwachen. Wir merken, dass die alte Matrix vom Funktionieren und Überleben ausgedient hat, denn sie funktioniert einfach gar nicht mehr!

Am Anfang ist es etwas Besonderes auf dieser Frequenz zu schwingen. Das Einstimmen in die Energien der neuen Zeit ist wie das Empfangen einer neuen Radiowelle: Sie ist die ganze Zeit schon da, die Frage ist nur, ob du sie empfängst. Aus dieser Matrix herauszukommen, ist oft ein Prozess. Denn in der neuen Zeit lassen wir uns durch das Gefühl, die Intuition leiten. Noch ist der Verstand gewohnt, zu führen. Wir vertrauen unserer Intuition vielleicht noch nicht ganz. Vielleicht gibt es auch noch alte Loyalitäten. Das heißt, aus Liebe zu deiner Familie führst du bestimmte Traditionen, Denkweisen und Verhaltensmuster, fort.

Wir sind die Generation, die aus dem Funktionieren und Überleben aussteigen kann!

Und das müssen wir auch, damit wir den nächsten Entwicklungsschritt der Menschheit gestalten können. Wir, die Frauen der westlichen Welt, sind die Ersten, die jetzt wirklich raus aus dem Funktionieren und rein in die Selbstverwirklichung gehen können. Wir dürfen diesen Weg jetzt vorangehen, zum Wohle Aller. Wenn du dich schwer oder erschöpft fühlst, oder merkst, wie du dich selber immer wieder sabotierst, könnten alte Verträge oder Glaubenssätze am Werk sein. Dabei sind unsere Ahnen meisten schon völlig bereit, uns in die Neue Zeit zu entlassen und einfach in der Liebe verbunden zu bleiben.

Die neue Zeit ist eine des Erwachens. Du darfst in der Dualität die Einheit spüren und zu deiner wahren Größe erwachen. Lege die Illusion der Kleinheit ab! Komme heraus aus den Bewertungen und hinein in die Annahme und Liebe!

Was hilft dir auf dem Weg in die Neue Zeit?

Spüre dein wahres Selbst, deine Seele.
Weite den Kanal immer mehr.
DAS LERNEN IST WICHTIG DABEI.

- So kann deine wahre Größe in die Welt hinausgehen!
- Kläre deine Familiengeschichte und lass alte Glaubenssätze los.

- Ernähre dich exzellent und verwende zusätzliche Vitalstoffe und Antioxidantien. Diese Form der Entgiftung hilft, alte Strukturen auch auf Zellebene loszulassen.

- Heile deine eigene Geburt: So wirst du neu geboren, als das absolut liebenswerte Wesen, das du bist und gehst in ein neues Leben.
- Integriere alte Seelenanteile, die durch Traumata in früheren Leben abgespalten wurden.
- Nimm Verbindung auf mit Mutter Erde und Vater Himmel, ehre unsere schamanischen Wurzeln.
- Meditiere regelmäßig, komm zur Ruhe. Lerne, dich zu entspannen, und verbinde dich mit dir und der Unendlichkeit.
- Löse Blockaden in deinem Chakrensystem. Da gibt es Klassiker, die bei den bewussten und empathischen Frauen blockiert sind.
- Wähle eine Begleiterin für deinen Weg, die alle Aspekte mit einbeziehen kann.

Margret ist eine sehr herzliche und fröhliche Frau, Mutter und Großmutter. Sie hat schon einige Schicksalsschläge in ihrem Leben überwunden. Mit 62 wollte sie sich endlich von alten Familienmustern befreien. Sie wollte in ihrem Körper ankommen und ihn genießen, etwas für sich, ihre Selbstliebe und Gesundheit tun.
Im intensiven 1:1 Coaching gingen wir alles durch: Bewegung, Ernährung, Kontakt zur Natur und vieles mehr. Wir entwickeln eine an ihre Bedürfnisse angepasste Darmreinigung, Entgiftung und Nahrungsergänzung. Schauten auch, welche Ernährung ihr wirklich guttut.
Und dabei räumten wir auch in der Vergangenheit auf. So durfte auch Veränderung im Lebensstil stattfinden und ja, auch genossen werden! Sie erkannte alte, verdrehte Loyalitäten und ließ sie los. Sie löste auch die Blockaden ihrer Kraftzentren, nahm ihr inneres Kind ins Herz und nährte es. Die Heilung der Geburt nannte sie: „Der schönste Tag in meinem Leben“.
Ein halbes Jahr nach der intensiven gemeinsamen Zeit war Margret weiterhin in tiefer Freude und im Frieden, eins mit sich und der Welt.

Erkenne, wer du wirklich bist

Wir Menschen bestehen aus Körper, Seele und Geist. Oder wie es die alten Yogis ausgedrückt haben: Drei Hüllen sind um unser wahres, göttliches Selbst:

- Die **Karmahülle**, in der vergangene Leben und Eindrücke gespeichert sind.
- Die **energetische Hülle**, deine Aura, mit Gefühlen, Gedanken, energetischen Bahnen und Chakren als energetischen Knotenpunkten.
- Dein **physischer Körper**, der aufnimmt und verdaut, sich bewegt und Sinneseindrücke sammelt.

Diese drei Anteile anzunehmen und zu ehren, schafft inneren Frieden und Freude. Reinige, nähre und schütze sie regelmäßig, das macht dich zur wahren und erfolgreichen Göttin in deinem Leben. So spürst du dein göttliches, wahres Ich immer mehr und wirst es auch im Leben voll zum Ausdruck bringen.

Was deine drei Hüllen dir mitteilen wollen:

Hier spricht deine Seele

Meine Liebe, hier spricht deine Seele! Lass dir zu allererst das Wichtigste sagen: Du bist so viel mehr und so viel größer als du es dir vorstellen kannst! Dein Mind = Verstand begrenzt dich total! Ich, deine Seele, habe alle deine Unendlichkeit und Power in mir, aus mir kannst du unendlich viel mehr schöpfen, bekommen und leisten! Du bist so wundervoll, absolut liebenswert. Völlig unabhängig davon, was in deinem Leben gerade passiert.

Bade jeden Tag in mir, in diesem Gefühl deiner vollen Kraft und wahren Größe! In dieser Energie kannst du ALLES! Du kannst dein Leben und dein Geschäft mit Sicherheit, Freude und Leichtigkeit führen. Und dehnst dich in die Unendlichkeit aus.

Deswegen ist die allerbeste Powernahrung für dich: DEIN Kontakt zu MIR! Unsere tiefe, innige Verbindung ist das absolute Erfolgsrezept. Denn ich erkenne so viel mehr als du. Ich weiß immer, was JETZT für dich wichtig ist.

Ich liebe dich so sehr, lade dich auf und helfe dir, wann immer du mich rufst. Und ich bin immer für dich da. Wenn du nicht weißt, wie du den Draht zu mir verstärken kannst, lass dir dabei helfen! Es ist wirklich einfach, mit den Energien der neuen Zeit die Schritte in die Freiheit zu lernen.

Zwei Dinge darfst du dazu umsetzen:
Höre mir zu und handle auch danach.

Hier spricht dein Geist

Meine Liebe, du ahnst gar nicht, wie satt ich es habe, immer den Ton anzugeben. Ich tue es automatisch, weil es von mir erwartet wird. Aber es überfordert mich permanent! Immer soll ich Pläne machen für lauter Unwägbarkeiten. Dabei ist das Leben so komplex, glaube bitte nicht, das ICH alle Möglichkeiten abschätzen kann! In Verbindung mit dem großen Ganzen erfülle ich meinen Sinn so viel lieber. Getrennt von der Erde, vom Leben und deiner Seele bin ich allein und überfordert. Und dadurch immer gestresst.

Erkenne bitte endlich meine Qual und Überforderung! Ich brauche eine Pause! Ich brauche Ruhe, Stille, Entspannung. Egal ob beim Yoga, Tai Chi oder in der Meditation. Was immer du gut findest. Und wenn ich dann entspannt und konzentriert für dich wirken darf: gerne! Ich bin blitzschnell, vernetzt und konzentriert sein, wenn ich verbunden und ausgeruht bin!

Nur so macht unser gemeinsames Leben Spaß!
Om namah shivaya
Dein Geist

Hier spricht dein Körper:

Meine Liebe, ich will leben und lebendig sein! Ich bewege mich sooo gerne mit dir zusammen. Natürlich kannst du auch einfach automatisiert die Handlungen des Alltags mit mir machen. Was mich wirklich entzündet ist, wenn du dich voll auf mich einlässt! Ich will dich in jeder meiner Zellen spüren! Ich will mich mit dir ausdehnen und mich bewegen! Das ist so magisch, wenn du mich endlich wahrnimmst.

Lass uns jeden Atemzug wie ein Fest nehmen und fühlen, wir können so viel Freude zusammen haben. Ein paar Grundlagen brauche ich dafür: Nährstoffe, frische Luft, reines Wasser und Erholungspausen. Folge deinem Gefühl, und lass dich beraten. Denn dein Gefühl beim Essen und Nahrung aufnehmen, kann sehr gestört sein. Zum Beispiel durch Zucker, Kaffee, Zusatzstoffe, Stress, alte Programme.

Mit dem richtigen Futter entwickelst du dich viel besser. Das ist wie bei den Bienen: Damit aus einer Biene eine Königin wird, bekommt sie extra Bienenkönginnenfutter. Willst du eine Arbeiterbiene oder eine Königin werden?

Ich möchte geliebt, geachtet und gepflegt werden. Vergiss nicht: Ohne mich wärst du gar nicht hier. Ich bin deine Existenzgrundlage und deine Verbindung zur Erde. Aus ihren Knochen bin ich entstanden. Ohne mich hast du keinen Anker. Wenn du mich bewusst nutzt, liegt dir die Welt zu Füßen.

Dann bist du kein kleiner Spielball im großen Tanz des Lebens. Denn du tanzt deinen Weltentanz. Je mehr du mit ganzer Seele in mir bist, je mehr du dich durch mich mit der Erde verbindest, umso mehr kannst du empfangen.

Mich annehmen, heißt auch, deine Weiblichkeit anzunehmen. Sie ist in mir, deinem Körper, lebendig. Die wilde, freie, sinnliche, verspielte Frau in dir ist auch für dein Business ein echtes Ass im Ärmel.

Genieße deine eigene Magie
und lass deinen Duft verströmen.

Betöre die Menschen mit deinem ureigenen Duft! Hole dir dafür die kostenfreie Meditation „dein betörender Schoss". Eine wunderbare Meditation, um dich aufzuladen, deinen heiligen Schoß zu aktivieren und deinen Duft zu verströmen.

Hole sie dir hier:

Hege und pflege mich für deine wahre Größe – auch mit Lust, Liebe und Sinnlichkeit.
Ich sehne mich danach, zu zerfließen und mit meiner Mutter, der Erde, eins zu werden.

„Sorge dich um deinen Körper. Es ist der einzige Ort, den du zum Leben hast."
Jim Rohn

Ich freue mich auf unser neues Miteinander!
Dein Körper.

Powernahrung für Körper, Geist und Seele

Nun hast du einen Einblick erhalten, wie du deine wundervolle Schöpferkraft öffnest und für dich nutzbar machst. Damit deine drei Hüllen miteinander harmonieren und du deine Power voll nutzen kannst, empfehle ich folgende Schritte:

- Lerne, den Kanal zu deiner Seele aufzubauen, auszubauen, zu weiten. Folge dabei den Impulsen deiner Seele bedingungslos!
- Lerne, deinen Körper und Geist zu ehren und zu genießen! Dazu gehören sinnliche und freudige Bewegungen genauso wie
- Entspannung und
- Exzellente Vitalstoffe zusätzlich zu einer superguten, zu dir passende Ernährung.
- Und reichlich Wasser.

- Powernahrung Luft: ATME bewusst, übe Pranayama, reinige und beruhige deinen Geist und dein Energiesystem mit deinem Atem.

- Powernahrung für den Geist: Meditiere, gehe regelmäßig in Verbindung mit dem Göttlichen in dir und der Welt.

- Regelmäßiger Kontakt zur Natur ist eine ganz einfache und magische Art, dich auf allen Ebenen wieder aufzuladen.

Erste Schritte in dein seelengeführtes Leben:

Um die wahre Größe und Weite deiner Seele kennenzulernen, kannst du dich in einer Seelenschau selbst erleben. Dabei bekommst du die Botschaften deiner Seele übermittelt.
Ein weiteres wundervolles Geschenk für dich selbst ist es, den Gesang deiner Seele kennenzulernen. Über den Klang kann deine Seele dich sofort und ganz tief berühren.
Der Gesang deiner Seele bringt dich wieder zu dir. Er hilft bei Liebeskummer genauso wie vor dem Einschlafen, wenn du dich aufladen willst genauso wie zur Beruhigung. Es ist eine ganz persönliche Begleitung und Batterie für den Rest Deines Lebens.
Für deine wahre Power und Größe!

Deine

Nilufar

www.nilufar-zand.de

Meine Geschenke für dich rund um das Thema Verbindung zu deiner wahren Größe findest du auf meiner Webseite bei „Starte hier“: www.nilufar-zand.de/deinebluete

Wer schreibt hier?

Ich bin Nilufar und bei mir geht es immer um Verbindung. Zu mir selbst, zur Erde und zum Kosmos. So begleite ich Frauen in ihren tiefen Kontakt zu ihrer Berufung und ihrem vollen Potential.

Es sind es sehr feinfühlige und bewusste Frauen, die schon länger den Weg der Persönlichkeitsentwicklung gehen. Sie sind vor allem sehr empathisch. So wie auch ich früher sind viele mit ihren Zweifeln beschäftigt.

Sie haben es schwer, sich zu entschieden und zu sich zu stehen. Im Außen wirken diese wundervollen Frauen meist wie Leuchttürme der Inspiration für andere. Aber im Kontakt zu sich selbst sieht das oft anders aus.
Möchtest du deine Weiblichkeit und deine Träume leben? Dann ist es wichtig, erst einmal mit ganzer Seele hier auf Planet Erde anzukommen!

Wenn du an dieser Stelle stehst und merkst, dass du für deine weitere Entfaltung noch tiefere Verbindungen brauchst, zu dir selbst, deiner Seele, deinem Körper und der Welt, dann bin ich die Richtige für dich!
Tipp: Hol dir meine kostenfreien Mediationen und beginne die Reise zu deinen tiefsten und wahrhaftigsten Anteilen JETZT!

Buchtipps

Erfolg mit Networking
Online und offline Kontakte (ver)knüpfen.
Autorin: Petra Polk
Haufe Verlag
ISBN: 978-3-648-12282-2

Power für Frauen
Nehmen Sie ihren Erfolg selbst in die Hand
Autorin: Petra Polk
Wiley Verlag
ISBN: 978-3-527-50968-3

Like
So netzwerken Sie sich an die Spitze
Autorin: Petra Polk
Goldegg Verlag
ISBN: 978-3-902-99157-7

FRAUENWEGE ZUM ERFOLG:
So hat Sie das gemacht! (1)
Von Eva-Maria Popp, Petra Polk
Verlag basic erfolgsmanagement
ISBN 978-3944987026

FRAUENWEGE ZUM ERFOLG:
So hat Sie das gemacht! (2)
Von Eva-Maria Popp, Petra Polk
Verlag basic erfolgsmanagement
ISBN 978-3944987194
Bestellen bei info@petrapolk.com

Dein Wunschkunde und sein Traum
In 9 Tagen zum idealen Kunden
Autorin: Eva Laspas
Verlag Laspas
ISBN 978-1-976-53199-5

Anleitung Selbstständigkeit:
90 Tage v. d. Teilzeit- zur Vollzeitunternehmerin
Autorin: Eva Laspas
Verlag Laspas
ISBN 978-3-950-42138-5

Werbetexte schreiben lernen:
In 21 Tagen zum besseren Text - Arbeitsbuch
Autorin: Eva Laspas
Verlag Laspas
ISBN 978-3-950-47541-8

Linktipps

Die Autorinnen

www.myriamcia.com

www.dr-gabriele-klaus.de

www.raumgeschichten.eu

www.pluspohl.com

www. lebe-deine-weiblichkeit.com/webinar-anmeldung

www.strategieschmiede.digital

www.janinatiedemann.de

www.dieimagemacherIn.at

www.nilufar-zand.de

Die Herausgeberinnen

www.laspas.at

www.petrapolk.com

www.win-women-in-network.com

Notizen

Printed in Poland
by Amazon Fulfillment
Poland Sp. z o.o., Wrocław

63079458R00098